科学全知道

那些古怪有趣的科学现象

［英］安妮·鲁尼◎著　沐夏樾◎译

江西美术出版社

全国百佳出版单位

图书在版编目（ＣＩＰ）数据

那些古怪有趣的科学现象 / （英）安妮·鲁尼著 ；
沐夏樾译 . -- 南昌 ：江西美术出版社，2019.7
（科学全知道）
ISBN 978-7-5480-6917-1

Ⅰ . ①那… Ⅱ . ①安… ②沐… Ⅲ . ①科学知识－普
及读物 Ⅳ . ① Z228

中国版本图书馆 CIP 数据核字 (2019) 第 052856 号

江西省版权局著作权版权登记号：14-2019-0088
The 15 Minute Scientist
Copyright©Arcturus Holdings Limited
本书中文简体版权经由锐拓传媒取得 Email:copyright@rightol.com

出 品 人：周建森
责任编辑：廖 静
责任印制：谭 勋

科学全知道
那些古怪有趣的科学现象
[英]安妮·鲁尼 著 沐夏樾 译

出 版：江西美术出版社
地 址：江西省南昌市子安路 66 号
网 址：www.jxfinearts.com
电子信箱：jxms163@163.com
电 话：0791-86566274
邮 编：330025
经 销：全国新华书店
印 刷：三河市金元印装有限公司
版 次：2019 年 7 月第 1 版
印 次：2019 年 7 月第 1 次印刷
开 本：880 毫米 ×1230 毫米 1/32
印 张：9.5
书 号：978-7-5480-6917-1
定 价：45.00 元

为什么科学如此重要？

　　了解科学，就是了解我们周围的事物和所处的这个世界，了解它是如何运转的。这远比我们在学校中学习的科学课程内容要广泛得多。实际上，"科学"（science）一词来源于拉丁语"知识"（scientia）和"告知"（scire），表示"了解"的意思。真正的科学并不局限于任何学科，而是所有知识的集合。

历史悠久

　　人类对科学的探索始于很早的年代——至少可以追溯到古希腊时期，是在 4000 年前的美索不达米亚地区。然而，科学发展的旅程并不是一帆风顺的。在有些地方，它很长一段时间被回避，甚至被禁止。这段时间，人们用精神或神秘学说等不同的方式来解释一些现象，认为只有某些特定领域的知识需要被探索，所以这一观念往往扼杀了人类对科学的追求。

　　如今，科学被视为组织知识的一种特殊的方式。这种方式在

17、18 世纪得以发展，那时，人们对发现这些支配着自然世界运转的规律产生了极大的兴趣。

科学方法

基于现代科学核心的科学方法，是在科学启蒙运动时期发展起来的，那是一个对探究自然和物理世界重拾兴趣和信心的时期。这些方法源于经验论——也就是说，人们能够客观地进行观察和测试，而不仅仅依靠理性来思考问题。

　　一个想法、一个理论或假设源于人们对世界的观察，和对"它为什么像现在这样"的思考。也许，有人注意到田野中面向阳光的植物比背朝太阳的植物长得好，便提出了"阳光有助于植物生长"的说法。而这个假设随后就能通过实验或结构化的观察检验出来，同时，客观公正的检查结果决定了大众是否支持这个假设。

　　我们大多数人都能解释一些在学校的科学课程上也能遇到的简单实验。比如糖在热水中比在冷水中溶解得更快，或者卡车在下陡坡时比下缓坡时开得更快。但是在学校的科学课上，老师和课本（通常是学生）已经知晓答案。而现实生活中的科学，答案往往未知，有些初步的假设被证明是错误的，另外一些看起来很

假设必须可被证伪

　　这似乎是从一个奇怪的角度来观察事物，但一个假设是否成立，取决于它是否能被证明是错误的。"找到一只更小的狗，就能证明所有的狗都高于 5 厘米"这个假设显然不对，但是我们也不能证明这种说法就一定正确——我们必须检查每一只狗，包括死去的和即将出生的。

明显的假设，在能作为准确的事实表达之前，仍要进行测试。

　　仅仅依靠对事物外观的判断，我们很有可能对事物的状态做出错误的论断。大约在公元 1600 年，显微镜还未发明之前，人们合理地假设过：像跳蚤这样的小虫子是世界最小的生物。但现在我们知道，世界上最小的生物比它要小得多，只有借助显微镜才能看得见，因此就有了"微观"这个术语。而由于显微镜的发明，我们观察世界的方式和对其做出的推论也随之发生改变。

为什么要了解科学

说来奇怪，在 20 世纪末，号称对科学和数学一无所知成为一种流行趋势。人们普遍认为，科学知识在某种程度上与成为一个有教养的人是相背离的，但实际上，这对它来说很重要。1959 年，英国科学家和小说家查尔斯·珀西·斯诺（CP.Snow）发表了一场著名的演说，谈及自然科学和艺术或者说人文科学。这"两种文

化"间的差异甚至是敌对的。他认为，思想界中深深的隔阂阻碍了人类的进步。在接下来的几十年中，分歧仍然存在，甚至会更大。如今或许它正不断缩小，但并不会完全消失。

> 当现代物理学的大厦不断增高时，西方世界中大多数最聪明的人对它的理解也正如他们新石器时代的祖先一样。
> ——查尔斯·珀西·斯诺

现在有更多的人认识到，了解科学并不代表低俗，反而代表着很有学识。我们周围的世界和它所遵循的规律，以及我们是如何发现这些规律，这一有见识的评价让我们能更好地享受我们的个人生活，珍视地球给予人类这一物种的诸多资源。

我们默哀荒原的失去，追随华兹华斯（Wordsworth）和梭罗（Thoreau）的脚步并不能使环境得到恢复和保护。只有让我们用艺术展现资源的流失，用科学的方法延缓环境的恶化，为破坏世界平衡的作为感到懊悔，才能让我们在以后的岁月里拿出更加有效和实际的行动去认识科学。

时刻准备着

　　了解科学能让我们做出明智的决定，使不知情的公众免受一些社会团体的欺骗。些许知识就能让我们远离危言耸听的消息和骗局，促进我们对周围世界的了解，让别人对我们感到惊讶。

　　当然，这本书并不能涵盖科学的每一个层面，也许仅仅能使我们了解新闻报道或时事问题背后的真相。但这会让我们更仔细地考虑所遇到的情况和这个自然的世界。它鼓励质疑、求知或"科学"的方法，提倡尊重奠定现代世界基础，并且结构严谨的知识。

目 录

第一章

人类是进化的巅峰吗？

我们常常会认为，人类已经处于进化树的顶端，但事实是这样的吗？真的可以用"树"这个概念来形容进化吗？

阶梯，链条还是树？

2000 多年前，古希腊哲学家亚里士多德对"自然阶梯"这一论点进行了阐述。他将有机物（生物）按等级划分，从最低级的植物排列至进化最高级的人类，这并不仅仅出于对蘑菇或比目鱼产生的优越感。他提出：不同的生物由于特性和需求的不同，而拥有不同类型的灵魂。他认为：肉体这个实体存在的能力是由灵魂赋予的。

在亚里士多德看来，植物灵魂的作用只在于生长和维持生命，而动物的灵魂能让它们生长、维持生命和活动。人类灵魂的作用当然更大，除了上述所有的作用之外，还向人类提供了思考的能力。对古希腊人来说，理性的灵魂决定了人类处于阶梯顶端的事实。

亚里士多德同样也从广义上来区分植物、动物或者人类。他认为大树比小型植物更高级，有血动物（如狼）比无血动物（如蜘蛛）更高级。而有血动物和无血动物的区别正好与现代脊椎动物和无脊椎动物的划分相吻合。

公元 3 世纪，埃及 – 罗马哲学家普罗提诺（Plotinus）在自然阶梯中增加了神明的概念，而随着基督教的传播，基督教徒们绞尽脑汁地想将古希腊理论融入基督教的思想。于是自然阶梯变成了"存在巨链"——不同的天使和天使长取代了顶层的非基督教众神，上帝则处于最顶端。正如亚里士多德模型所示，生物都有各自的阶层，由低级上升到高级，这个链条同样也有许多分散独立的层级。一般来说，链条是乱作一团的，但这个链状结构并不是这样，它是纵向发展的，从最高级的神到最底层的生物，例如藻类。到了中世纪，人们发现了许多连亚里士多德都不知道的生物，伴随着欧洲冒险家、探险

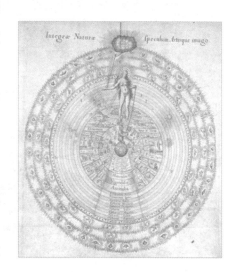

家、征服者越来越远的探索，越来越多的未知生物被发现。美洲、亚洲、太平洋群岛和澳大利亚都发现了新的物种，它们在被确认的同时也被纳入到了链状的结构中。那时的人们也普遍相信《创世记》中所说的，全能的上帝创造了一个完美的世界。在这个世界中，生物已经完全不留空白地占据了每一个生态位，即使人类目前还没能发现所有的生物。

在这条"存在巨链"中，所有的事物都相关联，像楼梯的阶梯一样。链状结构中存在着中间阶层，而不是从植物直接上升到动物。被认为拥有两种特征的生物恰好证明了这一点，如不会移动的贝类和海绵就处于植物和动物之间。还有些奇怪的杂交品种也有着同样的情况，比如白颊黑雁就被认为是长在树上的。

亘古不变

无论是阶梯状结构还是链状结构，它们描述的都是一种稳定的秩序。亚伯拉罕诸教使得这个自然秩序的稳定性变得清晰明确。《创世记》中有关于创世的记述是这样的：上帝先创造了植物和动物，最后创造了人类。但其他生物是为了服务于人类而创造出来的，所以人类的等级当然高于它们。而且所有的生物一开始就存在这种思想——人类处于最优越的地位。在《创世记》中这个世界十分完美：不会改变，也从未改变过。如果上帝创造了一个完美的世界，那它怎么会改变呢？

哇，但你看……

化石的发现对这一观念发起了挑战。在遥远的内陆，甚至在山丘上和山脉中都发现了海洋生物化石。紧接着，从19世纪初开始，人们才真正发现动物化石，这些化石中的动物与当时存在的

白颊黑雁——破壳于藤壶，生长于树上

一个对候鸟毫无概念的群体，从未见过白颊黑雁或它们的父母坐在巢中，对于这个事实科学家会如何解释？他们断定白颊黑雁是从藤壶中孵化出来的。海中的木头上常常能发现藤壶。

显然是上面带着藤壶种子的木头掉进了海里。藤壶也许是从树木的汁液中产生的。数以百计挂在木头上的藤壶——当无人察觉时——慢慢长大成熟，然后飞走或游入海底。现在我们知道，和其他鸟类一样，白颊黑雁也是从蛋中孵化出来的。

很不一样。第一个被发现的化石是蛇颈龙和鱼龙化石，随后禽龙和鸭嘴龙化石也被发现。这些庞大而陌生的动物曾在世间生存，这个结论对许多科学家来说极具吸引力，即使其他人坚持《创世记》中的叙述，并试图解释这些发现。19世纪下半叶和20世纪的第一

年，大量恐龙化石的发现——雷龙、霸王龙、剑龙和腕龙——永远地改变了人们过去的看法。

进化演变

19 世纪中期突然出现的进化论还未完全成型，但它已经酝酿了很久，甚至在亚里士多德之前，有些古希腊人就有了关于进化的原始思想。

安纳西曼德（Anaximander）（公元前 610—公元前 546）提出，最初的动物是由泡泡泥浆形成的。最开始它们生活在水中，随着时间推移，水和陆地分离，其中一部分适应了陆地上的生活。

他认为，即使是人类，也是从像鱼一样简单的动物发展而来。然而，在一个良好的开端之后，西方思想陷入了《创世记》不变论的泥

沼，将近 2000 年的时间，进化思想都未再出现。

从 18 世纪开始，证明生物发生变化的证据已经堆积如山。瑞典自然学者卡尔·林耐（Carl Linnaeus）（1707—1778）的著作证明了地域上相隔甚远的物种间存在着明显的相似性。在此之后，人们对分类学产生了更大的兴趣。就像美洲虎和金钱豹一样，骆驼和美洲驼也很相似，但它们的领地却相隔一片海洋。一开始，科学家们试图在传统的基督教思想框架内解释这些谜题：也许生物一开始是完美的，但随着时间推移退化了。又或者，如果它们全都从遥远的北方往南方迁徙，就解释了为什么东西半球的动物会很相像——美洲驼和骆驼应该是由原始

物种的相似性：骆驼是东半球动物，生活在南非、中东和蒙古。美洲驼则是西半球相似的变种，发现于南美

科学全知道：那些古怪有趣的科学现象

的骆驼科动物经过时间和地域的推移退化而来的。从某种程度上说，自从人类的堕落破坏了上帝创世的名声，《创世纪》就已经考虑到了退化。即使底层有一点变动，人类仍处于非天使类的顶端。

法国博物学家让－巴蒂斯特·拉马克（Jean-Baptiste Lamarck）（1744—1829）提出，生物产生了进化，或者至少是适应，而不是退化。在他看来，当动物努力生存，就会发生改变。例如，像长颈鹿这样的动物，不断伸长脖子去吃高树顶上的叶子，这个过程会使得它的脖子越来越长。这种伸长的习惯就会传给下一代，因此随着时间推移，长颈鹿后代的脖子就会越来越长，这种遗传特征就不断地累积了下来。

伊拉斯谟斯·达尔文（Erasmus Darwin）（1731—1802）对此表示赞同。他提出，所有生物都是由一个共同的祖先经过长时间进化而来的。生物的历史可以看作一根连接过去与现在的"单丝"。他还提出了性选择的概念，

许多动物为了交配而竞争，所以说："这场雄性竞争最终结果就是，其中最强壮、最活跃的物种可以繁衍，因而得以进化。"

进化近在眼前

1831 年，伊拉斯谟斯的孙子查尔斯·达尔文（Charles Darwin）（1809—1882），随测量船"小猎犬"号踏上了环游世界的旅途。

当时他只有 22 岁，他担任此次航行正式的博物学家，在接下来的 4 年零 9 个月中收集了植物、动物和化石的样本，做了大量的笔记，在动植物的栖息地进行观察，还亲眼看到了令他惊讶的自然世界的多样性及其明显的共性。每当到达港口，他就将最新的

发现打包寄回英国以供日后研究。他的发现令科学界大为赞叹，再他回到英国时，已然成为一名著名的科学家。但直到1838年，他才下定决心解决"多样性和相似性是如何产生的"这个问题。直到1859年，他才完成并出版了一部改变世界的著作：《论借助自然选择的方法的物种起源》。

达尔文不仅发现物种会随时间发生变化的现象，还揭示了它们变化的过程。他引用人工选择的方法——这是农民和鸽友用来饲养动物（或植物）的方法，这些动物具有他们想要的特性。选育强化了所需的特质，自然也是如此，达尔文说。但在自然界中，这种选择使生物更好地适应它们的生活方式和环境，而这对人类来说，并没有显得更有用或更具吸引力。适应性让动物更容易找到食物，对潜在的配偶更具吸引力，或更好地适应不同的栖息地，并且这种适应性可能会随着时间不断增强。达尔文称之为"自然选择下的变异"。久而久之，物种会在变异过程中改变，并产生全新的物种。《创世记》中，动物和植物的产生纯粹是为了人类的使用和利益，这一观点被推翻了。达尔文表示，生物都为它们自己的目的而存在。但这又将人类置于何处呢？

重点是什么?

达尔文的演化模型中的进化是没有终点的。生物并不是为了做什么而发展某个特征，而是这些偶发性的变异使得它们适合做些有用的事。这些变异可能会保留下来，然后一代代增强。同样，原来的特征不用就会废弃，如蛇的腿。一代代下来，同一物种的成员间也会出现不同的变化，甚至其中一些变化是非常不利的。一只拥有视力的蜥蜴比一只天生失明的蜥蜴在白天有更大的概率找到食物。但是如果蜥蜴们一开始就生活在完全黑暗的环境中，如一个深洞（就像有些生物一样），那么为长出眼睛和维持视力所做的一切就是浪费精力，因为眼睛容易受伤，在这种情况下它可能成为一个累赘。在这样的情况下，天生失明的蜥蜴才能适应环境。但即使这样，进化依然没有目标，借用达尔文早期的一句话就是"在正确的方向上跌跌撞撞"。

谁位于顶端?

早期的自然阶梯和存在巨链的模型都将自然世界（也包括超自然世界，如果我们将天使和神也算进去的话）进行了等级划分。

达尔文将进化结构描述成一棵有着很多分叉的树，每当新的物种从旧的物种中分离出来，这棵树就会一次又一次地分叉。当然他还是将人类置于树的顶端，他认为那是很自然的事情。事实上，每个成功的物种都位于分支的末端，就像树上没有哪一截树枝比别的树枝更重要，也就没有哪一个逐渐演变而来的物种比其他物种"更好"。自然世界是由对人类特别感兴趣的超自然存在创造的，如果可能的话——这一观点很难让人认同。

如今，物种间的进化关系被描绘成一个分支图（见下页图）。该图显示，从演化路径旁生出的重要分支产生了新的分支。每种生物都在同一级别上，所以这里没有谁比谁更发达。为了展示整个生物圈，分支图以一个圆圈的形式展现出来，并将所有的生物都分布于圆圈的边缘。

顶端到底在哪里？

人类是最先进的或最高级的物种，这一观念源于我们以人类的标准判断什么是高级的或重要的。我们重视智慧，并认为我们自己是最聪明的动物。尽管我们对智慧的定义基于人类的价值和成就之上，但这并不是自我辩解的说法：人类是最聪明的，因为智慧是绝大多数人类的能力。通过不同的智力测试，海豚和鲸鱼被认为可能比我们人类聪明。它们不会建造复杂的城市和工具，我们还不知道它们有音乐、文学或者哲学（但并不一定是它们没有），而且它们的生理构造使得它们很难生产制造，如电子线路（并且这对它们在水下的生活——一个不能与电兼容的环境——并没有任何帮助）。但我们并不知道鲸类的成就与价值。以鲸类的标准，

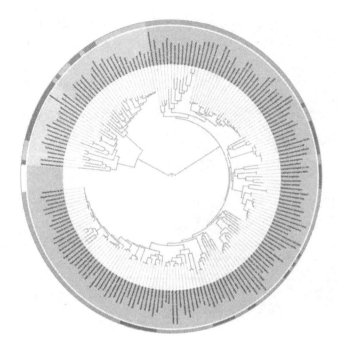

分支图展示了生物进化的分支，所有的物种都一律平等地沿
圆圈边缘分布

一个无缘无故地破坏环境、杀死同类的物种，在智力量表上的排
名应该很低。

　　但是为什么都以智商为标准呢？如果我们将生物按照运动能
力、寿命和飞行能力排序的话，人类的成绩应该不会很好。同样，
如果我们根据一种生物在其环境中是否适合生存，或一个物种存
在的时间来评判其进化程度，人类恐怕不会排在很高的位置。生

理结构极其简单的蓝藻，却已经存在了将近35亿年，是真正的幸存者。现代人类存在甚至还未超过100万年——也许都活不了那么长时间。

在人类灭绝之前，他们都可以和其他动物一样经历变异和进化。当环境发生变化，我们极有可能会去适应。

然后呢？

任何关于人类处于进化"巅峰"的观点，也必然认为进化——至少人类的进化——已经停止了。在人类灭绝之前，他们都可以和其他动物一样经历变异和进化。当改变了我们的环境，我们很可能会为了适应而改变。我们每一代会间隔很长时间，因此人类的进化不会像昆虫、细菌或小型动物那样快速。但可以确定的是，它是一直持续着的。

快速进化

我们认为进化是缓慢进行的，但事实未必如此。虽然达尔文认为它是缓慢而平稳的，但近来越来越多的研究表明，它可在短时间内突飞猛进地发展。下列这些动物全都很快适应了被人类改变的环境：

· 被污染的哈德逊河中的鱼类，已经对原先会毒死它们的毒素产生了抵抗力。

· 越来越多的大象没有象牙，使它们不再受到象牙偷猎者的威胁。

· 过度捕捞的物种已经适应了在体积较小时成熟、繁殖，这样捕获它们对捕鱼船队来说就不划算。

· 一旦污染物使得桦尺蛾生活环境恶化，原本灰白色的桦尺蛾就会变成黑色（捕食者很容易看到灰白色桦尺蛾）。现在，由于空气变得比过去清洁，桦尺蛾又变回了灰白色。

第二章

我们为什么不在水上开车？

　　燃油费真是一个让人头疼的问题，至少在世界上的
某些地方是这样的。开车的成本很高，而且使用化石燃
料对环境是有害的。那我们一定要开车吗？

汽车是如何运行的

传统的汽车依靠内燃机驱动，虽然发动机的结构看起来很复杂，但它的工作原理却十分简单。

产生动力的地方叫作气缸，微小水滴状的燃料与空气混合，进入气缸，经过压缩后再使用点火装置点火，随后燃料燃烧会释放能量，驱动汽车。这就是它的工作原理。

气缸是一个有着金属外壁的坚硬的腔室，里面会不断发生爆炸，所以它必须足够坚固。它还有着一个顺滑的可以上下移动的活塞。紧贴的活塞对气缸起到了很好的密封作用——需要它来维持压力和防止可燃气体泄漏。气缸顶部有两个阀门：一个让空气

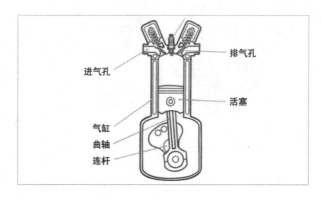

进气孔　　　排气孔

活塞

气缸
曲轴
连杆

四冲程发动机
工作过程:

1.进气冲程——活塞向下运动,空气和燃料被吸入气缸

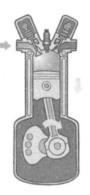

2.压缩冲程——活塞上行运动,压缩空气和燃料混合物

3.做功冲程——火花塞点燃燃料,活塞再次向下运动

4.排气冲程——活塞向后移动,排出废气

此过程一次又一次快速重复

和汽油蒸汽进入，一个让废气排出。

参与这个过程的有燃料、空气和火花塞，它们共同发挥作用。火花塞依靠空气打出火花，点燃燃料。因为汽车使用的燃料——汽油只能在空气中燃烧，因此空气和燃料同样重要。

发动机获取来自燃料的化学能，然后释放为运动（动能）和热量。活塞的运动通过拉杆传递到曲轴，也就是将活塞的上下式（直线式）运动转化为圆圈式（旋转式）运动。曲轴连接着驱动轴，驱动轴连接着车轴，而车轴使车轮转动。最后的一步就是方向盘决定车轮的方向，这样汽车就会一直朝着正确的方向行驶。

能量交换

如果只是将空气和燃料混合在一起，它们并不会自发地燃烧并产生能量，它们需要被点燃。在汽油发动机中，火花塞的作用就在于此（柴油机没有火花塞，它们改用高度压缩的热空气点燃燃料）燃烧消耗能量——能量来源于火花。这种能量主要用于打破燃料分子中的键。

所有的汽油和柴油燃料都是碳氢化合物。它们的分子主要由

碳和氢组成。打破这个键就在于要分离出碳氢化合物中的碳和氢。碳和氢并不是单独存在的，而是与空气中的氧结合成为新的分子——二氧化碳和水（燃烧产生的废弃物和随着各种污染物和烟尘排出的废气）。而分子键组成水和二氧化碳会释放能量。幸运的是，它所释放的能量，比打破氢分子中的键所消耗的能量要多得多，成为一种净释放的能量，也就是用于驱动汽车的能量：

$$燃料（氧和碳）+ 氧气 \rightarrow 水 + 二氧化碳 + 能量$$

组成水分子和打破水分子

汽车依靠燃烧所释放的能量驱动，于是人们开始将目光投向承载能量的水。将水当作燃料，就意味着要添加足以打破这个分子结构的能量，然后利用氢和氧反应产生新分子，并且该反应产生的能量要比打破水分

子所消耗的能量多。目前人们利用电流可以将水分子分解为氢和氧，这个过程叫电解，国际空间站就使用这个方法制造氧气。然而，用这种方法给汽车供能显然是不切实际的，甚至还不如直接发展电能驱动的汽车。

化学与能源

打破化学键需要消耗能量，而组成化学键会释放能量。能量的多少取决于化学键的种类。

键	键能
H–H（氢－氢）	432
O=O（氧＝氧）	494
O–H（氧－氢）	460

组成和打破水分子涉及的化学键如表所示。能量以千焦／摩尔表示。一摩尔约 6×10^{23} 个原子或分子。对于一个产生能量的反应来说，组成键所产生的能量必须要比破坏键所消耗的能量多。

组成水分子的化学等式是：$2H_2 + O_2 \rightarrow 2H_2O$

这意味着打破氢原子和氧原子之间的键所需的能量是：

$2 \times H–H + O–O$　　$2 \times 432kJ + 494kJ = 864KJ + 494KJ = 1358kJ$

氢原子和氧原子之间的键组成水释放的能量是：

$2 \times 2 \times H–O = 4 \times HO$　　　　$4 \times 460kJ = 1840kJ$

这就有了净增能量 $1840KJ － 1358KJ = 482kJ$

如果我们想将水作为燃料，就需要提供足够的能量打破水分子结构（2 个 H–O 键，每个是 460KJ，所以 $2 \times 460KJ = 920KJ$／摩尔），并找到一个用氢和氧组成键的反应，从而产生更多的能量。

水能燃烧吗？

内燃机的关键步骤是通过燃烧燃料获取能量。水本身是不能燃烧的，我们不能直接将水导入发动机，然后点燃。但作为一种获取能量的方式，组成键和打破键的原理并不依靠于燃烧。建立一个不燃烧碳基燃料，而利用组成化学键的方式释放能量的机制是可行的——只是它看起来完全不像一个内燃机。此外，我们不仅仅要找到一个能组成键的反应，因为这个反应是在装满人且行驶的汽车内发生，所以必须要安全地进行，反应物必须是没有毒性的，并且成本也要求低廉。在碳元素上通过过热蒸汽，我们能获得足够的能量，但生成物都是易爆的氢气和剧毒的一氧化碳，

因此这个方法是不可行的。我
们还需要随身携带煤炭或其他
一些碳源，还要有独立的能源
（如太阳能电池板）能让水过
热得到蒸汽。

氢燃料电池

依靠氢电池驱动的汽车已经被研发出来——现代、本田和丰
田的模型已在筹备之中。不幸的是，美国只有一个氢燃料加油站，
因此汽车不能离家很远，而且你的家要很靠近加利福尼亚，西萨
克拉门托，沿江大道，1515大街。但不要气馁，这种汽车是完全
清洁的，它只会产生水蒸气这一种废弃物。工程师表示，这种水
蒸气一旦凝结，干净到可以饮用，只是味道有一点寡淡。它还有
一个优势，只需几秒氢气罐就可以充满氢气。它还有一项重要的
有竞争性的技术就是电动汽车技术，而它需要更长的时间给电池
充电，所以氢燃料电池在这一点上更胜一筹。

燃料电池的工作原理与电池有许多相似之处。它的工作原理

就是将氢和氧（空气中易得的）结合生成水，将反应产生的能量用作电力。但维持这个过程所需要的就是持续不断地供氢。

氢来自哪里？

有很多人认为，氢是一种可以大量使用的燃料，因为它到处都是——宇宙的75%都是氢。这是事实——但它们大多数存在于其他星球、石头和人体内，都是固定物质。我们无法直接从空气和太空中获取氢用作燃料。

目前，加氢站的氢来自天然气。我们可以直接使用天然气……

是的，但汽车（而不是氢气生产商）将会产生一些有污染性的副产品，并且这些汽车会贴着绿色环保证书出售。

天然气提取物甲烷能分解为碳和氢，还有废气二氧化碳。储存在罐中的氢会被运到燃料站。研究人员正在寻找其他来源的甲烷——如农田废物、腐烂的植物或牛胃胀气。这很重要，因为天然气是另一种有限的化石燃料，所以用它来为汽车提供氢只是个暂时性的解决方案，而且并不像生产商让你认为的那么环保。

第三章

彩虹是怎么形成的?

彩虹是一种美丽的幻象,这种幻象只有从特定的角度才能看到。

色彩源于无物

当阳光照射到大气中的水滴上，就会形成彩虹。太阳光是白光，它混合了光谱中所有颜色的光。光由不同的波长组成，我们的眼睛可以将其看成不同的颜色。水滴有效地将光分成不同的波

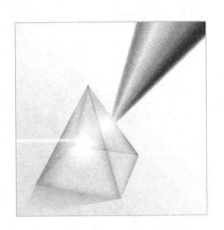

彩虹的尽头有一罐金子吗？

有这样一个古老的传说：彩虹的尽头有一罐金子。要挖到这罐金子，难点就在于找到彩虹的尽头。彩虹是个可见的幻象，当你移动时，它也会随之改变，因此你永远不会看到彩虹接触地面。或许你会看见远处有另一道彩虹，或者你发现它们完全消失了。这就无法确定彩虹的尽头是否真的有黄金。

长，并从不同的角度发射出去，这样我们就可以将其看作一系列的色带。而使用玻璃棱镜，也可以达到同样的分光效果。

它是怎么产生的

在单一介质中，如空气或水，光是以直线传播的。但当它穿过两种不同的介质，就会折射（弯曲）。折射意味着它会由原来的路径稍微改变一下方向。

之所以会发生这种情况，是因为光穿过液体或固体要比在空气中的速度慢。光速在真空中是恒定的，但它在穿过介质时速度会变慢。介质密度越大，光穿过它需要的时间就越长。光在空气传播的速度要比真空中慢，在液体中的速度比在气体中更慢，在固体中的速度最慢。当光的速度降低，它的波长就会相应地缩短。当波长不同的光不同程度地降低速度，白光就分成了一个光谱。当光离开这个介质，再次加速，

光的折射过程

快

低密度介质

高密度介质

慢

折射就颠倒过来，重新组成了白光。

由于光的折射，立在一杯水中的吸管看起来是弯曲的。

当光穿过一块对边平行的玻璃时（如窗户玻璃），光在第一条边界处（空气/玻璃）发生的折射，将在第二个边界处（玻璃/空气）得到补偿。因此，当白光穿过窗户，并没有分成一个光谱。

雨滴之中

因此，当光进入雨滴，就会发生偏离。但来自玻璃杯中吸管的光不会形成光谱，所以显然是产生了其他现象。当光照进雨滴，从空气射入水中，光会发生折射，分解为不同颜色的光。

雨滴之中，光穿过水，到达另一边水与空气的交界。有些光直接穿过，重组成了白光，但有些光在雨滴的内表面被反射了出来。

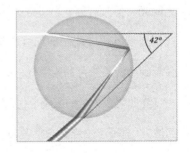

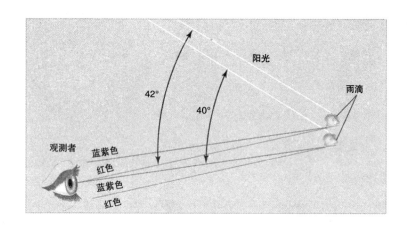

当光离开雨滴，在水和空气交界处，会再次折射，进一步扩大波长不同的光之间的角度差异。当离开雨滴时，红色光以42°的角度射向入射光，蓝色光则是近40°的角度。每个雨滴都在光谱的各个位置发出光线，但当光线照向不同的方向，雨滴所呈现的颜色就会随着我们所站的位置而变化。

如果我们看着彩虹的红色部分，水滴虽然还是会发出各种颜色的光，但只有红色的光正对着我们的方向。在橙色光部分，所有雨滴发出的橙色光都正对着我们的方向。在不同的地方，我们会看到雨滴是蓝色的或者绿色的。

光照射在大量的雨滴上，结果就形成了彩虹。但彩虹并不是"任何地方"都有——它是观察者和光源间的一种空中幻象或视觉效应。

双彩虹

有时，光在雨滴中不止一次地进行反射。发生这种情况时，我们可能会看到双彩虹。通常，第二道彩虹比第一道更暗淡。它的颜色排列也是相反的——每次反射它们都会调换位置。

寻找彩虹

只有在与入射太阳光线成40°—42°角的地方，我们才会看到彩虹。想象一下，太阳光线穿过我们的眼睛，射向我们的头部及地上影子的顶端，与这条线（见下页图）成42°角的地方就能看到彩虹。天空中的太阳越低，

为了形成彩虹，水滴必须是合适的尺寸——不能太大也不能太小。我们可以经常在瀑布、喷泉或草地喷灌器旁看到彩虹，但云朵的水蒸气太细了，形成不了彩虹。冷冻水——冰雹或雪——也不行，因此没有冰雹虹或者雪虹。

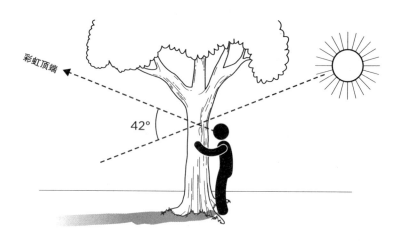

背对太阳预测彩虹的位置

出现的彩虹也就会越接近于正上方，日出日落时，就能与地平线垂直。

相反，如果太阳就在头顶上方，那么适合出现彩虹的地方就是地面，那么就不会出现彩虹。由于这个原因，我们在傍晚和清晨看到彩虹的可能性最大，中午是看不到的。当然，如果天空更大，我们就可以看到更多的彩虹；宽广、开阔的地区比山区看到彩虹的可能性更大。

预测彩虹

在彩虹出现前，我们可以精确地找到观看地点。也许这样做有点奇怪，但如果我们想把它拍下来给孩子 / 伴侣看，或只想炫耀机智，那这是一个很棒的技巧。

1. 暴风雨后，当太阳开始露面，背对着它站立。

2. 拇指和食指保持 45° 角（拇指和食指做成 L 形——就是 90°。将拇指向其他手指移动，就是将这个角减半）。

3. 伸出手臂，手指指向地上你头部的影子。

4. 拇指的指向大概就是彩虹的方向。手指和拇指保持原来形状，转动手腕就可以画出彩虹的全弧。

这并不是万无一失的，当大气中没有充足的水，或是太阳被云遮住了，就不会出现彩虹。但只要有适量的阳光和水，

罕见的彩虹

从技术上说，所有的彩虹都是整圆，但我们很少能看到整个彩虹。唯一的例外就是当我们在很高的有利位置，比如从飞机上往下看，或许有机会看到整个圆形的彩虹。

我们就能看起来很机智。

　　如果我们想使自己看起来更聪明，或想拍一张特定物体——比如由彩虹构成的照片，我们可以四处走走，看看别处的彩虹。彩虹的位置会随着观察者位置的变化而变化——当我们移动时，彩虹也会跟着改变位置（这也就意味着，每个人看到的彩虹都是不一样的）。

第四章

为什么猫总是脚先着地？

众所周知，猫无论如何坠落，在哪里坠落，都是用脚着地的。它们是如何完成这个神奇把戏的呢？

早期实验

　　据说，物理学家詹姆斯·克拉克·麦克斯韦（James Clerk Maxwell）（1831—1879）还是剑桥大学三一学院的一名学生时，曾做过一个将猫从高处抛下的实验。麦克斯韦甚至给他的妻子凯瑟琳（Katherine）写信为自己开脱，声称他并没有把猫扔下楼。

　　麦克斯韦不是第一个，也不是最后一个对猫是如何获得这样一个救命绝招感兴趣的人。剑桥大学数学教授乔治·斯托克斯爵士（Sir George Stokes）（1819—1903）和法国科学家、早期摄影师艾蒂安－朱尔·马雷（Etienne-Jules Marey）（1830—1904）都对此很感兴趣（当麦克斯韦在剑桥大学时，斯托克是一名教授，他们甚至会分享扔猫的记录）。马雷拍摄到一只猫坠落并自我扶正的过

　　"当我在三一学院时，发现有一个惯例，一种使猫脚不能着地的扔猫方法，而且我曾常常把猫从窗户扔出去。我必须解释一下，合适的研究对象是为了查明猫能多快转身，适当的方法是为了让猫从2英寸的高度坠落到桌子或者床上，即使这样猫还能侥幸成功。"

　　　　　　　　　　　　　　　——詹姆斯·克拉克·麦克斯韦

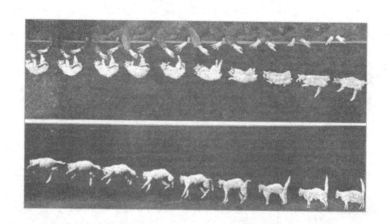

程，然后一帧帧查看到底发生了什么。他的这个摄影作品刊登在1984年的《自然》杂志上。如果你仔细观察它们，阅读猫的行为描述，一切就都明白了。

学会降落

从超过 30 厘米（12 英寸）的高度坠落下来，猫都能在着地之前自行扶正，因此绝大多数猫都能脚着地。这种自行扶正的反应能力在猫 3—4 周大时开始出现，7—8 周已经完全成型。即使一只猫没有尾巴也能自行扶正——对这个动作来说，尾巴可作为一种选择，但并不是必要的。

猫是如何做到的

那么，猫是如何实现其他动物无法完成的壮举的呢？

一开始，猫要找出哪条路是向下的。这也许很明显，但这是至关重要的第一步——它的腿需要指向下才能成功着陆。它可以通过观察找出方向，但内耳中的平衡器官也起到了辅助作用。然后它需要转身让脚处于身体下方。因为猫有一条非常灵活的脊

柱，它才能完成接下来的三个步骤。此外，它的锁骨是可以自由浮动的，因此实际上也能起到一些用处（当猫穿过狭小空间时，这就给它增加了能比人类更随意地移动肩膀的优势——猫可以挤压肩膀，穿过任何它的头部可以通过的地方）。

首先，猫中部弯曲，呈回旋镖状，因而，身体前后部分的旋转轴是不同的。这很重要，因为这意味着当它转动时，可以保持角动量（实际上就是它的旋转力）。

人类研究

将猫从高处扔下，这是个很难通过道德委员会审核的实验——早在道德委员会成立之前，麦克斯韦就觉得有必要为自己辩护。

幸运的是，在 1987 年，有人想出了一个更为人道的办法。他们对那些从高楼坠落，被送入纽约动物医疗中心受伤的猫进行研究。从 132 名猫患者来看，伤势的严重程度从七层以上逐渐加重，七层以下不断减轻。研究人员表示，猫在七层会达到终端速度，之后就会放松。由于它们处于放松状态，所以地面冲击力的影响就比较小。

然而，正如一位批评家指出的那样，这个结论是错误的，因为他们没有把死亡考虑在内：没有人会把一只死猫带到急诊室，因此这个数据是不完整的，结论也是不可靠的。但在伤势不断减轻之中仍有一些有趣的事——猫都活下来的这个事实。没有多少人从七层楼坠落之后，还能出现在急诊室。

猫会屈前腿，伸后腿，这样前端就比后端旋转得更快。想象一下，花样滑冰运动员在快速旋转时将手臂贴近身体，当她慢速旋转时伸出手臂——猫也是这样做的，不过它的身体有不同的两部分。由于前掌弯曲靠近身体，所以前半部分转动的角度要比后半部分大得多。它可以旋转多达90°。伸长爪子的后半部分转动得很少——可能只有10°。因此如果一只猫的原始旋转为0°，那现在前半部分是90°，后半部分是10°。

随后，它调换了位置。它会伸前腿屈后腿，这样后半部分转动的角度就会比前半部分更大。在这个动作之后，前半部分和后半部分都转动了10°＋90°=100°。这时它会用同一面着地，这样是不好的。所以它会重复整个过程（它不必每次都转到最大角度）。

猫下落时能够获得角动量，因为它可以弯曲身体，并能将其两部分分开使用。

一个僵硬的身体是做不到两端一起转动的。猫自行扶正了这个数学模型，将猫当作两个圆柱体，一个是前半部分，一个是后半部分，并且该模型直到 20 世纪末才被发现。而无论我们是否能从数学上对此进行描述，猫都能完成这样的动作。

很快，但不会更快

终端速度，是大气中一个特定密度的物体，在地球重力作用下坠落能达到的最大速度。最初，一个下落的物体的加速度能达到 9.8 米（32.2 英尺）每二次方秒（m/s²）。在某一点之后——终端速度——下落物体下方的空气压力会阻止它进一步加速，直到着陆前，它的速度都保持不变。因为空气阻力（阻力）是重要因素，所以一个物体的终端速度取决于它的质量和形状。

猫的终端速度大约是 100 千米 / 小时（62 英里 / 小时），而伞兵自由落体时，人类的终端速度是 210 千米 / 小时（130 英里 / 小时）。

在相同的情况下，一只从高楼坠落到地面上的猫，坠落的速度只有人类的一半。而且，猫的重量比人类轻，因此对它身体的冲击性更小。如果一个人从七层楼掉下来，即使是脚落地，对他们来说也是有伤害的，但猫要轻得多，它会以更小的力落到地面上。

第五章

为什么土壤是褐色的？

我们都习惯了孩子问，天空为什么是蓝色的。但更多地球上的东西呢？

土壤是什么？

　　土壤几乎随处可见。花园和田野中，道路和建筑物下面都有土壤，还有一种在河流、湖泊和池塘底部的土壤，我们通常称之为淤泥。唯一没有土壤的地方就被沙子和裸岩取而代之。

　　不同的地方，土壤成分也不一样。它可能是沙质、重黏土或富含腐殖质（复合物）。但它通常是深浅不一的棕色，可能是红棕色，或者接近于黑色的暗棕色，或是很浅的沙棕色，但仍然是棕色。正如我们上方的空气层叫做大气层一样，土壤层也有名称——它叫作"土壤圈"。土壤由少量的矿物（岩石）和有机物（植物和动物）组成。它们松散地混合在一起，由于这些矿物形状不一，无法紧密贴合在一起，所以就会存在间隙。这些间隙使得土质疏松，这样才能保存液体和气体。这就意味着土壤有三种物质状态（或"阶段"）——固体、液体和气体——混合在一起。

土壤层

有机层
表土
底土
母质土
基岩

残骸

　　正是有机物使土壤呈现出棕色。树叶和其他植物残骸落到地上，还有动物产生的废弃物，包括粪便、脱落的毛发、尸体等。在土壤中许多微生物的作用下，所有物质都会被分解。有时这是一个缓慢的过程，特别是骨头的分解，可能需要好几年时间。

　　当微生物释放出酶来打破有机物中的化学键，分解就发生了。虽然分解产生的化学物质（这些是它们的食物来源）大都被微生物吸收，但仍会有剩余的碳——微生物并没有将其完全消耗。最后，微生物也会死亡，而它们也会以同样的方式被分解。此外，微生物会吸收大部分的化学物质，但并不是全部——系统中总有

土壤有多大？

　　地球上的大部分土壤来自2588000年到11700年前的更新世。现在的土壤都不超过650亿岁，但化石土壤可以追溯到更久远的时代，甚至是地球存在的最早时期——太古宙时期。这个时期从地球起源延续到25亿万年前。因为那时没有动物和植物，只有微生物，土壤也大不一样。

些低效率的存在。结果，遍地都是多余的碳，由于碳会反射大部分的光，所以土壤看起来都是深色的或棕色的。

微生物活性的残留物形成了土壤中的腐殖质。和植物一样，腐殖质没有细胞结构，但更多的是无固定结构——实际上它是黏结性的。数千年来，腐殖质都保持着相同的状态。它已经腐烂了，也没有特定的地方可去。通常会有微生物和少许可辨认的残骸混入其中，这些在显微镜下是显而易见的。但实际上，纯粹的腐殖质是胶质有机物。

那岩石呢？

土壤中的矿物成分是细小的岩石碎片，这些岩石遭到侵蚀破坏，然后随着水、风或冰到达它们最终所在的地方。土壤中特有的矿物有石英（氧化硅）、方解石（碳酸钙）、长石（钾、铝、硅和氧的混合物）和云母（也叫黑云母，含钾、镁、铁、铝、硅

丰富的微生物

据说，每克土壤中含有多达 10 亿个细胞，这就表示可能有 5 万到 10 万种不同种类的微生物。大多数的种类至今还没有被发现。

和氧的复合物）。尽管杂质会给岩石增添别的色彩，但它往往是白色、灰色或棕色的。

通常，由于腐殖质中含有碳，所以土壤是棕色的，但如果土壤特别贫瘠，那土壤一般会呈现主要矿物质的颜色。由于其铁的含量，夏威夷的土壤略带红色色调，因为铁和氧结合产生的锈是红色的。

测量棕色

测量和记录土壤的颜色有不同的尺度。一个是孟赛尔系统的颜色符号。每个颜色有 3 种要素：色调（色彩）、明度（明亮 / 黑暗）和饱和度（色彩强度）。地质学家将土壤样本与一系列色"块"进行对比，找到最接近的匹配项。这可能听起来毫无意义，但它使得全世界的土壤能够进行对比，并帮助科学家算出任何土壤中有机物和矿物质的相对重要性。

它还有更实际的，甚至是商业化用途。在法医调查中，土壤分析可以将证据——如尸体衣物上的泥土——和某个特定的地点联系起来。地毯制造商甚至会根据当地泥土的颜色来选择地毯颜色，让从外面带进来的泥土不那么明显。

50 种深浅不一的棕色

　　虽然土壤往往都是棕色的，但有些棕色比其他棕色更深。地质学家也把大多数叫做沙的物质称作"土壤"，所以沙漠可能有

"棕色"是什么样的？

　　颜色是个有趣的东西。我们认为物体有颜色，就如同它们拥有其他特征，如质量或黏性。但我们看着物体，看到的颜色通常是物体反射的光。

　　物体的颜色取决于它所处的光线，以及观察的人（或物）。阳光下，光谱中所有颜色的光都会照射到物体上——比如说，照射在一个红色西红柿上。物体会反射一部分光，也会吸收一部分光。就西红柿而言，物体会吸收波长较短的光，但会反射波长较长的红色光。由于西红柿唯一的反射光就是红色光，也就是进入我们眼睛的光线，所以我们看到的西红柿是红色的。在没有光或光很少的黑暗环境中，甚至都没有西红柿反射的红色光，所以它看起来不是红色的。那么在黑暗中，西红柿还是红色的吗？技术上来说，不是。但当你一打开灯看到它，就又是红色的了。

白色、黑色（火山沙）、黄色、红色甚至是绿色（橄榄石沙，发现于夏威夷）的"土壤"。这些土壤的矿物质含量高，腐殖质含量低，主要分布于动植物相对较少的地区。对于一

个园丁说，这根本不是真正的功能性土壤。

天空为什么是蓝色的？

当光到达地球大气层，就会在气体分子间反射，再散射。太阳光是白色的——或者说是混合了彩虹的所有颜色，因而看起来是白色的。因为蓝色光的波长最短，所以它比其他颜色的光散射得更多。如果在晴天抬头看，你会发现头顶上方的天空比地平线处的灰白色天空更蓝。这是因为地平线处的光线在空中散射，再散射。它到处反弹，反弹回来就再次混合形成了白色光。

日出和日落时，天空中的太阳很低，光线必须穿过更多的大气，

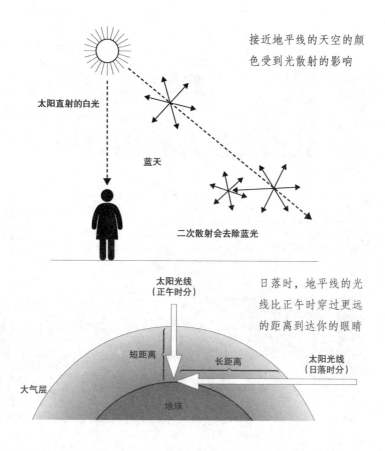

接近地平线的天空的颜色受到光散射的影响

太阳直射的白光

蓝天

二次散射会去除蓝光

太阳光线
（正午时分）

日落时，地平线的光线比正午时穿过更远的距离到达你的眼睛

短距离

长距离

太阳光线
（日落时分）

大气层

地球

才能进入你的眼睛（因为它到地平线，要比到正上方的大气层边界更远）。

你会看到越来越多的黄色光，甚至是红色光。如果空气中布满灰尘颗粒或水滴，那效果会更加壮观，这就是为什么污染和火山爆发能产生绚丽的晚霞。

第六章

我们为什么不去火星？

距离人类上一次月球漫步已经过去四十多年，有许多关于要去火星的议论，但我们会到达那里吗？

问题是什么?

要让人类登上火星有一系列问题存在,尽管 NASA 和一些独立的商业组织希望解决或绕过这些问题,并在 21 世纪 20 或 30 年代派一些人去火星,但火星之旅必须要面对这些棘手的问题:

* 火星距离地球十分遥远。

* 往返火星的旅途中,让人类在太空中生存良好、保持健康和清醒是一个很大的挑战。

* 携带旅途所需的燃料和供给物超过目前地球科技的能力。

* 宇宙飞船起飞后如果想再次在火星表面着陆是非常困难的。

遥远的王国

太阳系中,各颗行星的距离非常遥远,而我们往往会对它们有多远、有多大产生误解,因为我们看到的太阳和星球的图解并不是按比例绘制的。

我们快到了吗？

从地球到月亮的距离是 384400 千米（238855 英里）。如果你能开车去月球，以每小时 100 千米（62 英里）的速度需要 160 天，一天开 24 小时。开车去火星，最快也需要 23360 天（将近 64 年）。

我们的太阳系

金星　火星　　　　　土星　　　海王星

水星　地球　　　　　　　　天王星

木星

图像展现给我们的是，木星比地球大，而海王星是距离最远的行星，但并没有说明行星之间的准确距离，或大小上的真实差距。

火星和地球在不同的轨道上围绕着太阳运转。绕太阳运转一周，火星需要 687 个地球日，地球需要 365.25 天——它们的轨道是不同步的。这就说明它们有时会相互靠近，其他时候都相距甚远。它们之间最近的距离"只有"5460 万千米（3390 万英里），但它们之间的最远距离能达到 4 亿千米（2.48 亿英里）。地球与火星间的平均距离大约是 2.25 亿千米（1.4 亿英里）。

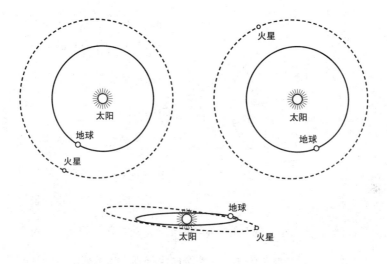

火星轨道和地球轨道有不同的倾斜

　　火星和地球距离最近的点并不会定期出现。2003 年 8 月，地球和火星达到了 6 万年来的最近距离。它们将会在 2287 年 8 月再次如此靠近——这次只间隔了 284 年。两者间距离不仅受运行轨道的影响，还受到其他星球引力的影响。

　　如果我们计划去火星探险，就要尽可能地缩短往返路程。在地球和火星相距 4 亿千米（2.48 亿英里）时出发，这并不是个好主意。即使是在旅途中，地球和火星还都继续沿着它们各自的轨道运转。接下来的问题是返程，如果我们选择最短的时间到达火星，那返程将会耗费更长时间，因为这两个行星的距离将越来越

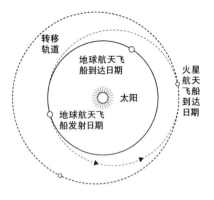

远。它们移动的距离取决于到达火星所花费的时间，以及返航前宇航员在火星上停留的时间。

火星之行不是让宇宙飞船从地球直线飞行，而是进入绕太阳运行的轨道，最终使得飞船到达火星。现有的技术需要消耗太多燃料，因而是不可行的，其他开发中的太空航行技术能加快行程，却不能解决轨道问题——宇航员还是必须要等到地球处于合适的返程地点。因此该路线图（见上图）是为了节约成本而优化的。轨道发射日期每 26 个月出现一次。

人类目前使用的火箭技术，到达火星需要 9 个月，返回也要 9 个月。9 个月是一段很漫长的时间，宇航员们必须在火星上（或火星环绕轨道上）待上 3 到 4 个月，直到地球到达适合返回的地点，这就使得整个旅程至少要 21 个月。如果你想成为一名火星宇航员，也许可以试着让自己和其他几个人在一个房间里待两年左右，并且只吃你带进去的东西，这将会给你带来很大的压力。

人类比机器人更挑剔

没有引力的太空，对人类身体非常不利，与其他几个人在一个小飞行器里待上 21 个月也非常不利于人类的心理健康。所以真正的挑战是让宇航员在旅途中维持生命、保持健康和清醒。

太空飞行期间，宇航员的身体会受到很大压力。这是从那些对长期生活在空间站的宇航员的研究中得知的。宇航员瓦莱里·波利亚科夫（Valeri Polyakov）保持着单程航空的记录，他在"和平"号空间站的飞船上工作了 437 天——但往返火星的飞行时间比他的经历还要长 200 天。

漫长的太空旅行中的危险有：

来自太阳耀斑的质子爆炸、来自新生黑洞的伽马射线和恒星爆炸带来的宇宙射线。月球之旅多半避开了这些危险，因为危险都被地球转移了。为了使宇航员避开这些危险，NASA 正想办法用塑料、碳纳米管进行防护，甚至建造一个周围包裹着液氮燃料箱的空间站——所有这些都比通常建造飞船使用的金属能更好地阻挡宇宙射线。

低重力和微重力：我们的身体习惯于对抗重力。缺乏基本的运动，肌肉很快就会变得衰弱（萎缩），骨骼密度会降低，因此更容易断裂。由于心脏由肌肉组成，虚弱的心脏对返回地球的宇航员来说是个问题。火星的引力比地球小，但宇航员们在火星旅程中要经历的可不止这些，因此当到达火星时，他们可能虚弱到无法进行体力劳动。

在空间站，宇航员需要进行日常运动来解决这些问题。旅程更长的宇航员需要一个精心制订的训练方法和特殊的饮食。也许

1995 年，宇航员瓦莱里·波利亚科夫在"和平"号空间站

还有一些至今未知的影响。

　　和少数几个人长时间地关在一起，可能会让宇航员承受极大的心理压力——没有机会去外面呼吸新鲜空气，没有机会暂时离开，与家人和朋友分离。在这种情况下，保持快乐和心理健康着实是个挑战。

这里并不是很好

　　去火星并非易事——特别是如果你想永远待在那里。那里寒冷（平均温度－62℃）、干燥、荒凉（很明显），还有出现一次就能让天空暗好几周的沙尘暴。

　　如果人们将在火星上建立一个殖民地，他们就需要种植食物（不能总是从地球上运过来）、汲水、供能（可能通过制造燃料）和净化空气的方法。最后就是需要保持含氧量，去除居住空间中的灰尘、微生物和其他在少量空气中就能增加的黏性物质。火星的引力比地球上的小——只有地球的38%，这意味着地球上重100千克（220磅）的人在火星上只有38千克（84磅）。骨骼和肌肉需要更少，就会变得虚弱。如果你绝对不会再回到地球，那就没有问题，但那就真的没有其他的选择了。火星大气压力约是地球上的 1%。所以当殖民地的居民外出时，就要一直戴着太空头盔携带空气罐。

谁去呢?

由于种种不便，从肌肉损耗到死亡，你或许会认为很难找到去火星的志愿者。根本不会这样。总部位于荷兰的非营利组织"火星一号"，于 2013 年开始招募第一批宇航员。它计划在 2023 年让第一批四个人登陆火星，而且这是一张单程票。他们会提前把物资送过去，当抵达火星就可以使用这些物资建设殖民地。他们将在火星永久居住，永远不会回到地球。以后每两年都会有一批定居者登陆。已经有 10 万多名报名者来竞争第一批的这四个名额。

"火星一号"设计的生活舱。这个商业组织计划在火星上建设殖民地

超大宇宙飞船

　　前往火星的载人飞船，要比过去装载机器人漫游者的飞船大得多。它需要装载设备和特派团人员，加上宇航员的物资和燃料。如果要离开地球生存 21 个月，一个宇航员需要很多麻烦且沉重的东西，如食物、水和医疗用品。他们还需要遮挡太阳辐射，而防护罩也很重。NASA 估计 6 个宇航员所需物资的重量约为 1140 万千克（300 万磅）。航天飞机能将 22500 千克（50000 磅）重的物体带入太空，所以大约需要发射六十次才能带去所有建造和存储航天器的设备，而且必须在太空中建造（因为没有发射系统一次能发射这么多）。即使是登陆器，它的质量也至少是过去登陆火星所使用的登陆器的 10 倍。

都是燃料

重物的问题在于移动它们需要更多能量（$F=m \times a$，力 = 质量 × 加速度）。因为移动一个重的飞船比轻的飞船需要更多的力量，也就需要更多燃料。大部分燃料都用于从地球和火星起飞——每次脱离地心引力都需要大量的能量。当飞船靠近火星或地球减速时，还需要一些燃料调整速度，以便被行星的重力捕获，然后在正确的方向上进行足够的爆发，保证安全地在地面着陆。

从地球起飞，燃料不是什么大问题，因为只需将飞船运送到发射台。通常，从地球发射的飞船都会在燃料燃烧后，丢弃携带燃料的模块，留下体积更小的部分进入太空。问题在于剩下的燃料，因为航天器必须携带燃料，而燃料又很重。这就意味着宇宙飞船需要更大的体积，因为它必须要装更多的燃料，然后又需要更大一些，因为要装更多的燃料，如此循环。

航天器在太空中使用的燃料相对较少，因为太空中没有空气阻力，航天器一旦开始运动，就没有东西让它减速，所以动能使其在同一方向上前进。当飞船靠近火星，它需要充分放慢速度，以便被火星引力捕获并进入轨道。

通常，飞船使用传统点火方式的火箭，当它需要减速时，就向后推动飞船。但这就意味着要这些火箭需要携带更多燃料。NASA 还有另一个锦囊妙计：它采用了一个名为"航空捕捉"的技术，先让飞船掠过大气层，迫降到火星上，再依靠大气层的摩擦（阻力）减速，但轨道必须要仔细计算。即使有精密的隔热层，如果飞船走得太远，摩擦产生的热量仍会将其点燃。如果飞船走得不够远，它的速度不够慢，就会"飕飕"地越过这个星球。

最后，飞船必须要从火星返回地球。这就需要将着陆器从地表提升到轨道上，重返主飞行器，然后将主飞行器从火星带回地球。

去而复返

登陆火星是很艰难的。过去曾发生过多次灾难，四十次中大约有三分之二的火星任务会在发射之后和登陆星球前为某一原因而失败。从苏联发射的第一个太空飞行任务"火星二号"，着陆时在沙尘暴中坠毁了。虽然成功率已经有所提高，但着陆并不是万无一失的。飞船较大的部分可能会留在火星轨道上，小一点的着陆器将到达地表。轨道舱可以提供备份和避难所——如果有必要的话，甚至有能力空投物资，或启动紧急救援任务。

在火星上迷路？

电影《火星救援》中，马特·达蒙（Matt Damon）饰演一个宇航员，他被认为已死而被抛弃在火星表面。当他活过来后，只能依靠所剩无几的物资拼命求生，同时他的同事和地球上的任务控制中心正试图进行救援。但考虑到计划太空任务需要很多年，快速救援的希望也很渺茫。

该电影于 2015 年 9 月 19 日在国际空间站放映。

为何而烦恼？

制造一个超级好的机器人，然后把它送到火星上去似乎更容易一点。毕竟机器能更好地应付这种情况。但人类探险家们可以做很多机器做不到的事，因此最好是人类带着智能机器一起被送去。此外，渴望冒险和探索的人类并不会满足于只是将漫游者送入太空——这还不够令人兴奋！

需要的着陆器体积庞大——与目前为止登陆火星的有所不同——这就使得安全着陆成为一个额外的挑战。以前的着陆器也有支架和安全气囊，这个着陆器下降到距地表几米的距离，利用反推进火箭使其缓慢下降，然后最后一点距离进行自由落体。一种方法就是使用"空中起重机"。这是一个起重机结构，它将着陆器轻轻地降低到地面，这时反推进火箭正好抵消重力（当飞行器平稳，但高于地面时）。一个类似的系统曾用于"好奇"号火星探测器着陆。选择合适的地点和时机登陆仍然十分重要——大块石头、坡度太大或严重的沙尘暴都有可能使任何类型的着陆泡汤。

由于在遥远星球的地表发射交通工具十分困难，到目前为止，

人类还未曾从火星带回任何岩石或土壤样本。在地球上发射宇宙飞船的基础设施，没有一个在火星上能正常运转。火星的引力大约是月球的 4 倍，所以这比重新发射阿波罗号更具挑战性。着陆器的尺寸，外加上火星的引力和大气层，意味着从火星起飞比从月球起飞需要更多的燃料。

英国皇家天文学家马丁·里斯（Martin Rees）爵士说道，第一次火星任务看上去可能确实是一次单程旅行——正如"火星一号"计划的那样。

第七章

我们能复活恐龙吗？

　　我们能通过恐龙残存的 DNA 将其复活，这是迈克尔·克莱顿（Michael Crichton）的小说《侏罗纪公园》（1993）的重要前提，也是很多这类题材电影的基础。

在原著中，侏罗纪主题公园建于一个岛屿上，岛上住着由恐龙DNA克隆出来的恐龙。DNA是从蚊子内脏中提取出来的，这些蚊子曾吸过恐龙血，后来被松木树脂覆盖，久而久之就固化成了琥珀。6500多万年后，科学家们提取了DNA，并利用克隆技术将其植入一颗活卵中。那么，这种复活恐龙的办法是可行的吗？

死而不去

当生物死亡，无论是植物还是动物，都会开始腐烂——在化学物质和天气的作用下，尸体被微生物分解。在它腐烂之前，理论上是可以提取组织样本，并能通过其DNA创造出这个生物的克隆体的。这就是科学家如何复活一只心爱的宠物狗或猫的过程，他们从死去的宠物身上提取一个细胞，并将细胞核——含有DNA的部分放进另一个同类动物的卵细胞中。宿主卵细胞的细胞核已被移除，因此新生物所有的DNA都来自死亡供体，卵细胞孕育的胚胎只是原始宠物的精确复制品（一个克隆），然后将其植入一个同类代孕母亲体内。第一

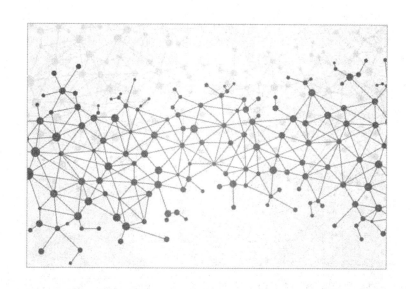

只以这种方式克隆的哺乳动物是多利羊，它由英格兰爱丁堡罗斯林研究所于 1996 年创造。

尸体腐烂后，从细胞中提取完整的 DNA 会变得愈加困难。有些组织比其他组织腐烂得更快，并且由于几乎所有的细胞都含有 DNA，如果整个尸体都可用，通常在其死后的很长一段时间内都可以提取 DNA。如果尸体被冷冻起来，DNA 也就可以保存得更久，并非一定要在实验室条件下才能冷冻。例如猛犸象的 DNA 就可以从猛犸象的遗体中得到恢复，该遗体保存在西伯利亚冻土层中。对于那些想将猛犸象和它们现存的近亲——大象的基因构成进行对比的科学家来说，这是非常有用的。有些科学家甚至希望有一天能复活猛犸象，因为通过使用冷冻遗体中的 DNA 和去除细胞核的大象卵细胞是可以实现的——除了体积大小和 11000 年时间间隔的差别之外，这和克隆一条死去的狗没什么区别。

DNA

除了介于生物和非生物之间的病毒外，所有的生物都有叫做DNA（脱氧核糖核酸）的遗传物质。DNA 以长而复杂的分子形式存在，并携带一种以分子群排列的"碱基"。它有四个碱基：胞嘧啶、鸟嘌呤、腺嘌呤和胸腺嘧啶。这些碱基总是成对出现，也都是固定的：每个胞嘧啶都和鸟嘌呤配对，腺嘌呤与胸腺嘧啶配对。几乎每一个身体细胞都有一个生物体 DNA 的复刻，它们将基因沿着基因物质的长链排列，叫做染色体。DNA 独特的结构决定了生物的独特性。同一物种下的所有生物有着等效的基因和染色体，但 DNA 中导致生物间差异性的碱基，在精确的排序上有着细微的差别。

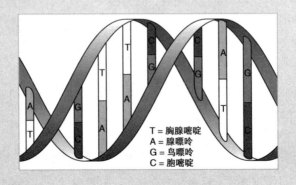

T = 胸腺嘧啶
A = 腺嘌呤
G = 鸟嘌呤
C = 胞嘧啶

科学全知道：那些古怪有趣的科学现象

但实际上依靠克隆技术复活已经灭绝的动物，迄今为止这样的尝试还没有成功过。2009年，科学家们克隆的一只已灭绝的伊比利亚猞猁由于肺部缺陷，出生后不久就死去了。但目前为止，其他一些濒危动物已经被成功克隆出来，所以理论上来说，如果 DNA 的质量足够好，就有可能复活像猛犸象这样已经灭绝的动物。

更新世公园

更新世公园是西伯利亚的一个保护区，俄罗斯科学家切尔斯基伊·兹莫夫（Sergey Zimov）在此主持一个项目，他试图再造冰河世纪的亚寒带草原。是狩猎过度，而不是气候变化使得包括猛犸象在内的西伯利亚大型哺乳动物灭绝，这就是兹莫夫的理论。他提出，如果能重新引入这些哺乳动物，草原将有助于保留永冻层，并阻止永冻层融化后甲烷泄露而导致的气候变化。他希望能通过人工再造灭绝动物的过程复活猛犸象。

恐龙呢？

遗憾的是，《侏罗纪公园》中的场景并不合理。最后一只非鸟类恐龙死后的6500万年里，DNA降解的速度很快（几千年来），即使是包裹在琥珀中的DNA也无法存活。西澳大利亚莫道克大学的一个研究小组给630万年的DNA存活设定了一个上限——只有十分之一的方法可以复活恐龙。我们最希望恢复的就是一些碎片。

即使我们确实找到了一些恐龙的DNA，但要培育一个克隆体，就需要把DNA放到一个相容的卵细胞中去，而我们并没有这样的卵细胞。使用鸡或鳄鱼蛋——像《侏罗纪公园》中一样不太可能管用。我们需要合适的恐龙卵细胞。（哪个先出现的，是恐龙还是恐龙蛋？）如果从保存的血液中提取DNA，我们甚至都不知道发现的是什么恐龙，因为DNA无法辨认出来——它并未带有易于辨认的标签。

创造一个真实的《侏罗纪公园》希望渺茫。即使我们有很多恐龙DNA和一个可用的恐龙蛋，但这些DNA仍有一些空缺，需要其他DNA进行填补。在《侏罗纪公园》中，科学家用青蛙的

树中的昆虫，昆虫中的恐龙

《侏罗纪公园》中有这样一个构想，恐龙 DNA 取自昆虫内脏中的血液，这种昆虫以恐龙尸体为食，而后被困在树木渗出的树脂固化后形成的琥珀中。事实上，如果昆虫内脏中的血液保留着恐龙 DNA，那么从昆虫和它最近吃的食物的 DNA 中找出恐龙的 DNA 将十分困难。没有恐龙 DNA 进行比对，科学家们都不知道哪些碎片是组合在一起的，哪些是其他生物的。

DNA 填补空缺，因为没有发现恐龙的肠道基因。那这样的动物还"算是"恐龙吗？恐怕是一个恐龙青蛙嵌合体吧。

自行建立

如果恢复 DNA 的方式不起作用，我们还有其他方法可以复活恐龙吗？实际上，办法也许是有的，虽然不能将其完全复活，但仍能给我们带来种类繁多的恐龙。古生物学家杰克·霍纳（Jack Horner）提出，我们可以利用逆向基因工程，通过改变鸟类的基因结构再造一只恐龙。这就需要给鸟类逐渐增加似恐龙的特征，事实上就是退化。这不会产生一种真实存在过的恐龙，但如果有效的话，会产生形似恐龙的动物。

> "我们正在试图找到从恐龙进化到鸟类的历史路径。然后我们只要将其颠倒过来，就能得到一个退化到看起来像恐龙的动物。"
>
> ——杰克·霍纳，
> 蒙大拿州立大学
> 古生物学教授

鸟类来自恐龙

人们常说，鸟类是由 1 亿 5000 万年前的恐龙进化而来的，但严格意义上来说，鸟类是鸟类恐龙，而灭绝的恐龙是非鸟类恐龙。换言之，鸟类是恐龙，但并不是我们看到恐龙这个词通常会想到的恐龙。鸟类由兽脚类恐龙进化而来——像依靠强壮后肢行走的

霸王龙是典型的食肉动物。和鸟类一样，许多恐龙可能也有羽毛，但并不一定全身都是，有些可能有刺或原始羽毛。其实霸王龙在幼崽（或雏鸟）时期也有蓬松的羽绒。所有的恐龙和鸟类一样都会下蛋。另一方面，非鸟类恐龙有带牙齿的嘴或口鼻、尾骨，前肢有独立的足趾（实际上是手指），足趾上有趾甲。现代大多数鸟类都没有这些特征，唯一一个例外是生长在美国南部的麝雉鸟，这种鸟类的雏鸟两个翅膀上生有爪子，因此麝雉（或臭鸟）被认为是6400万年前灭绝的那一代中唯一的幸存者。然而，仅仅100万年后，非鸟类恐龙也灭绝了。已知最早的似鸟类恐龙生活在1亿5千万年前。它有羽毛、与鸟相似的外形，还有翅膀，但它嘴里有牙，翅膀上有爪子，羽毛之下还有长长的尾骨，从那些保存完好的化石中可以清楚地看到这一切。

对于想要复活恐龙的人来说，难点就在于找到它们鼻子、牙齿、尾骨、独立的手指、爪子等各个部分的 DNA 编码。如果仅仅从鸟类开始，建造一个与鸟类没有密切关系的恐龙——如三角龙、梁龙或甲龙，基本上是不可能的。

恐龙来自鸟类

霍纳的计划听起来很疯狂，但许多古生物学家对此结论则表示赞同。2015 年，一个工作于耶鲁大学和哈佛大学的团队声称，他们阻断了使鸟类长出喙的蛋白质的作用，反而使得鸡的胚胎长出了鼻子。

鸟喙由胚胎中的两片细胞组成，它会变大，并会长成嘴前突出的硬化组织。其他动物也有同样的小块，但它们的更小而且长成了下颌骨的一部分——就是门牙所在的那块骨头。使用化学物质可以中断胚胎发育过程中的蛋白质作用，研究人员就能阻止喙的形成，并让细胞发育成下颌骨。

其他梦想着复活恐龙的古生物学家们，则致力于延长鸡的尾骨，将其羽毛恢复成鳞片，增加其嘴里的牙齿。加拿大麦吉尔大学的古生物学家汉斯·拉尔森（Hans Larsson）就是这样一个狂热分子。他相信鸟类 DNA 中保存着很多恐龙的基因，有办法能重新复活，显现出恐龙牙齿和尾骨的特征。他注意到鸡胚胎早期尾部有十六节椎骨，但在小鸡孵化出来时只有五节。所以他认为：关闭这个剔除尾巴的基因，将会生出一只带有尾巴的鸡——这就是复活恐龙的另一个方法。

是恐龙，不是恐龙?

并非所有的科学家都认为尾骨和颚齿是鸟类进化的真正步骤，但如果类似的步骤会妨碍它其他方面的进化，那它可能会长成为一只假恐龙。即便如此，它还算是恐龙吗？正如霍纳指出的那样，我们可以创造自己心仪的恐龙——譬如，一只微型剑龙作为宠物，但如果它没有恐龙的 DNA，还能称之为恐龙吗？从生物学上来说这显然是否定的。正如霍纳所承认的那样，一只看起来像恐龙（霍纳称之为鸡恐龙）的鸡仍然是一只鸡，只不过是一只改良版的鸡，但对于未来世界中"侏罗纪公园"的游客来说，这已经足够了。

第八章

超级火山会要了我们的命吗?

火山可能很长一段时间都没有动静,但它们沉睡的时间越长,最后的爆发就越具有破坏性。

时不时就有人说超级火山即将爆发，并将毁灭我们所有人。这是灾难电影、末日小说和吓傻你的电视纪录片中的绝妙情节，但现实是怎么样的呢？

从小火山到超级火山

火山不尽相同。有些小火山喷发频繁，往往破坏性较小。有些火山喷发剧烈，但间隔时间较长，往往破坏性更大。有些火山休眠了几个世纪甚至几千年，一旦爆发则会带来灾难性的后果。所有火山中最具破坏性的就是超级火山，这才是真正让我们害怕的，即使它离你很远。

超级火山

超级火山比任何标准型火山体积更大，威力更强。它们太大了，

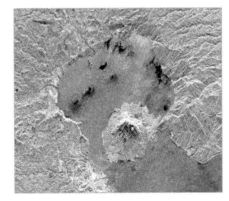

位于日本的始良超级火山

以至于很难辨认出来。不仅仅是一座大山，抑或是一个宽阔的盾状物，它们通常看起来只是地面上的一处凹陷——数千米之外有一个巨大的火山口（火山坑）。它具有很大的欺骗性，看起来像是个平静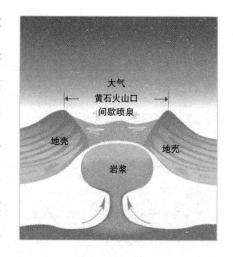的湖泊或和平富饶的山谷，但实际上是危险且致命的，它只是在等待时机。

　　超级火山下已经积累了数千年的岩浆。过高的温度熔化了周围的地壳，岩浆的体积和压力不断上升。当火山最后爆发时，在如此巨大的岩浆压力之下，后果真的是毁灭性的。当一切结束后，上面的土层就会塌陷进岩浆喷发留下的空间，形成巨大的盆地——火山口。人类历史上，从未有过超级火山爆发的纪录，但地质证据告诉我们它是什么样的。以前火山喷发留下的火山口告诉我们，超级火山曾在这里——或还在这里。

如何辨别还不是超级火山的火山

不是所有的火山看起来都像山。事实上，有些最致命的火山看起来一点也不像"典型的"火山。

火山锥或火山渣锥都是锥形的，也都比较小，大约 30—400 米（100—1300 英尺）高。有时它们会出现在较大火山的两侧，通常只会喷发一次。

盾状火山是大而浅的盾牌状山丘。它们形成于熔岩缓慢喷发之时，硬化前还在地上流淌了一段距离。它们是经过很多年甚至几个世纪逐渐形成的。

层状火山是山状的，由熔岩和火山多次喷发的火山灰构成。它们会爆破式喷发，产生大量毁灭性的熔岩，并会向空中喷射出半熔化的岩石块。它们还会产生时速百千米的热风和大量令人窒息的火山灰。位于意大利，曾摧毁罗马的庞培古城的维苏威火山就是一座超级火山。

火山类型

火山锥　　　　盾状火山　　　　层状火山

火山是如何产生的

地表之下有一个厚厚的、滚烫的半液态岩石，叫做岩浆。大陆和海底都位于岩浆顶部的岩石板块上。位于或靠近板块交界点，或在临时的"热点区域"，渗过或强行穿过地表的岩浆被称为熔岩。

有些火山会产生稳定的熔岩流；其他火山会在地下洞穴中形成大量岩浆。岩浆积聚产生的压力会变得很大，可能会导致岩浆室在猛烈的喷发中爆炸。

曾经，很久以前……

最后一个爆发的超级火山是印度尼西亚的多巴火山。它留下的火山口，形成了长 100 千米（62 英里）宽 50 千米（31 英里）的多巴湖。那次喷发大约是在 7 万 5 千年前，虽然只有 1971 年的发现和超级火山的存在作为证据。到了 1980 年，它比圣海伦火山还要大 10000 倍。科学家们对它的影响意见不一，有人将 1000 年的全球变冷时期与它的爆发联系起来，并认为它造成了 7 万年前人类进化的瓶颈期，那时人口锐减到只有 1000—10000 对生育的夫妇。其他一些动物也证明了当时的遗传瓶颈。

也许人类曾从灭绝人类的超级火山爆发中死里逃生，却被接踵而至的气候变化逼到了绝境。多巴火山喷发出大约 3000 立方千米（700 立方英里）的火山灰和岩浆，这可能使得头几年的气温下降了 15℃。

衡量火山喷发

火山喷发的强度以火山爆发指数（VEI）从 1 到 8 来衡量。火山顶部产生的火山灰、岩浆和烟雾的喷发高度，喷发的岩浆和火山灰的量，以及火山爆发持续的时间长短都与火山爆发速率有关。1980 年喷发的美国圣海伦火山差一点达到 5 级。而摧毁庞培的维苏威火山爆发实实在在达到了 5 级。1883 年，在数百千米外都能听到的印度尼西亚的喀拉喀托火山爆发，它的火山灰撒遍世界，这次达到了 6 级。于 1815 年爆发的坦博拉火山达到 7 级，它引发了两年的全球变冷。而超级火山喷发能达到 8 级。

级别都是对数，这意味着级别每增加 1，火山爆发的规模就增加了 10 倍：一个 5 级的威力是 4 级的 10 倍，8 级有 7 级的 10 倍威力，比 6 级的威力大 100 倍，比 5 级的威力大 1000 倍。

火山灾难

历史记载中有很多灾难性的火山喷发，这就暗示，如果超级火山从休眠状态被唤醒，等待着我们的会是什么。

于 79 年爆发的维苏威火山摧毁了罗马城庞贝，古罗马的作家小普林尼曾这样描述道：这就像是世界末日，因为直到燃烧的石头和呛人的火山灰在乡村

> 过去的一个星期和前两个星期，多到无法用语言形容的有毒物质从天而降：火山灰、火山毛发（细如发丝的火山矿物玻璃）、满是硫黄和硝石的雨水，所有这些都夹杂着沙子。在草原上放牧或者行走，牲畜的鼻子、鼻孔和脚就会变成明黄色或被擦伤。所有的水都变得温热，并变成浅蓝色，砾石变成灰色。当火势变大，蔓延到村落附近，地球上所有的植物都被烧毁，枯萎，然后变灰。
>
> ——Jón Steingrímsson, 西斯卡夫塔县的牧师，冰岛，1783

"我们身后弥漫的黑云，如洪水般蔓延开来……夜幕降临，但这并不是没有月光或多云夜晚的黑暗，而像是在一个灯已熄灭的封闭房间内。

"你可以听到女人的尖叫，婴儿的啼哭，和男人的呼喊……许多人祈求神明的庇护，但更多的人认为神明已然不在，宇宙陷入永恒的黑暗，直到永远。"

——小普林尼，79 年

和城市上空飘落，人们才知道维苏威火山是一座火山。然而这只是 5 级火山爆发。

位于冰岛火山区的拉基火山于 1783 年 4 月喷发，并持续了 8 个月。它产生了 14 立方千米（3.3 立方英里）的岩浆，以及成团的盐酸和二氧化硫。有毒气体杀死了冰岛一半的牲畜，还引发了一场饥荒，夺走了全国 20%—25% 人口的生命。

但这还不是全部。周边欧洲国家的人们和牲畜都受到了酸性悬浮物的伤害，天气也急剧变化。1783 年 4 月的冬天达到 250 年来最冷。遥远的非洲、印度和北美洲也受到了影响。拉基火山是过去 1000 年中第二次大爆发，回想起来，它可以归为 6 级。

印度尼西亚的喀拉喀托火山岛于 1883 年喷发，将火山灰投掷到 80 千米（50 英里）的空中。随之而来的是高达 46 米（150 英尺）的海啸，它曾袭击地球三次。大气中的火山灰使得全球温度下降了 1.2℃，还产生了壮观的日落景象，使得白天的天空数年来都是昏暗的。而这是 6 级火山爆发。

历史上所记载的最猛烈的火山爆发也许发生在 1815 年 4 月，印度尼西亚坦博拉火山的爆发估计达到了 7 级，那一年出现了"无夏之年"，还伴随着极端天气现象和全球低温。

像枪声一样的火山爆发的声音，远在 2600 千米（1600 英里）之外都可以听到，火山灰从距离火山上方 1300 千米（800 英里）处落下。即使是距离这里 600 千米（370 英里）的地方，也有两天都是一片漆黑。现代科学家们认为，有 7000—10000 人可能已经丧命，许多人是死于火山爆发后的饥饿和疾病。

但这都不及超级火山威力的一半……8 级的超级火山爆发产生的破坏力将是坦博拉火山的 10 倍。

死亡还是沉睡？

我们很难判断一座火山是不是死火山（彻底死了，再也不会爆发），抑或只是处于休眠状态（目前不活跃）。有消息称，一座10000年内不爆发的火山就是死火山。但这并不可信，因为有些火山——特别是超级火山——休眠的时间要长于10000年。阿拉斯加的四峰火山长期以来都被视为死火山，它上次爆发还是在公元前8000年——但它于2006年再次爆发了。

著名的超级火山

最有名的超级火山位于美国黄石公园，但它并不是孤独的。美国还有另外两座单独的火山。有些超级火山被认为是死火山——如位于苏格兰爱丁堡的那一座。

爱丁堡市建在2亿年前爆发过的火山之上

追踪所有很久以前爆发过的超级火山着实不易，目前已知的在美国（两处）、印度尼西亚（多巴火山）、智利、新西兰和阿根廷有过8级的火山爆发。最大的火山爆发位于科罗拉多的圣胡

安火山区，它产生了5000立方千米（1200立方英里）的火山灰
和岩浆——但那已经是将近2800万年前的事。科学家们估计，大
约有20座超级火山分布于世界各地。

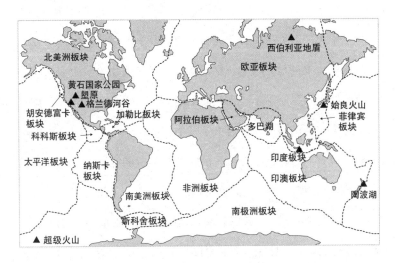

大多数超级火山都靠近地球板块交界处

微不足道

虽然位于科罗拉多州圣胡安的超级火山的爆发规模巨大，但与
陨石冲击，灭绝非鸟类恐龙的行星或彗星相比就相形见绌了——那
是它400倍的威力。

最初的猜想

对于大多数人来说，黄石公园仍然是最有可能发生毁灭性的超级火山爆发的地方。它包括了美国的怀俄明州、蒙大拿州和爱达荷州地区的部分地区，最新的火山口有 80 千米（50 英里）宽。这是一个美丽的地方，有着大量的防护林，色彩鲜艳的自然景观和矿产丰富的池塘，还有壮观的喷泉和滚烫的泥浆。但这背后所隐藏的东西和它的历史是相当可怕的。

19 世纪 70 年代，黄石公园首次被认定为火山，不过当时被认定为死火山。实际上，它只是喷发间隔的时间很长。20 世纪 60年代，这个完整、巨大、广阔的黄石公园的主火山口的地图被绘制出来，20 世纪 70 年代通过卫星摄影得以证实。几十年来美国地质调查局（USGS）一直在检测其活动。

虽然黄石公园只有过三次大规模的火山喷发，但在此基础上判断火山的爆发力是不合理的。黄石公园位于火山热点上，这是地球上岩浆上升到地表的区域。当承载地壳的岩石板块不断运动，热点地区也随之改变。如今黄石公园附近的热点地区已经发生了

"这个大盆地原先是一个死火山的大火山口。"

——格斯塔夫斯·唐恩（Gustavus Doane），

黄石公园考察队，1870

一连串的火山喷发，但除了最近三次，事实上它们并不在黄石公园范围内。

过去的 1800 万年中，黄石公园附近至少发生了 12 次超级火山爆发，在爱达荷州、俄勒冈州和内华达州形成了一连串的火山口。斯内克河平原就是由这些火山喷发的熔岩流形成的。已知最早的火山喷发与 7000 万年前加拿大育空的火山喷发来自同一热点。

它是活火山！

　　1973 年，黄石公园被发现仍处于活跃状态。1956 年，地质学家鲍勃·史密斯 (Bob Smith) 曾在位于黄石湖的皮尔岛工作。当他于 1973 年再回到此地，准备在同一个码头泊船时，发现码头已在水底了。沿岸的树木有的死去，有的被淹没了。检查 1923 年放置在路上的基准线之后，他发现位于湖泊北部的该区域，这段时间已经上升了 75 厘米 (30 英寸)，南部则一点都没有上升，地面被火山隆起了。用史密斯的话说，它是一座"呼吸的活火山"。

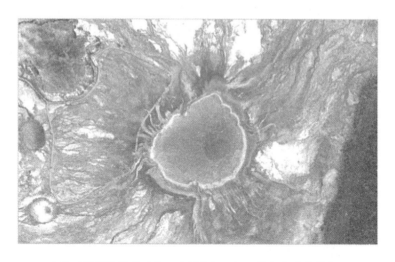

这张卫星图像展现了黄石公园广阔无垠、热气腾腾的景象

我们处于危险之中吗？

　　已知的超级火山爆发的间隔时间是 30 万—400 万年之间。在间隔了 60 万年之后，64 万年前的最后一次超级火山的喷发令灾变论者感到恐慌——这座火山肯定还在隆隆作响。位于这个热点上的地面以每年几厘米的速度缓慢上升，还曾发生局部小地震。最近，美国地质勘探局宣布，黄石公园下的岩浆室比之前预想的要大 2.5 倍，而小火山活动也异常明显，还会伴随着间歇泉和被地底岩浆加热得滚烫的溪流。但这并不能完全证明火山即将爆发。

此外，热点区域在每次大爆发间隔期间，还曾发生许多小的火山爆发，其中最近的一次就是在 7 万年前。

目前，美国地质勘探局表示，黄石公园的火山并没有即将爆发的迹象。他们预计会提前几周、几个月甚至几年发出警告。但是，如果我们知道它要来了，该怎么办呢？我们无法阻止火山爆发。我们可以撤离附近地区——但我们无法撤离整个美洲。

如果……怎么办？

黄石公园超级火山喷发的威力，要比 1980 年的圣海伦火山强 1000 倍，美国人一向将其视为一个大爆发。在一个类似规模的火山爆发中，火山灰柱会上升到 30 千米（18 英里）的空中，沉积物会到达墨西哥湾，烧毁一切的热风夹杂着雾、火山灰和 800—1000℃的岩石，将会破坏土地。它们以高达 700 千米／小时的速度前进，因此也就没有什么能逃离。火山灰和岩浆将附近 100 多米（300 英尺）深的山谷填满，滚烫的岩石碎片会黏结在一起，坚硬的石头会填补到山谷中去。所以最好不要靠近那里。据估计，超级火山爆发的数周之内，将会有 1 亿北美人丧命。

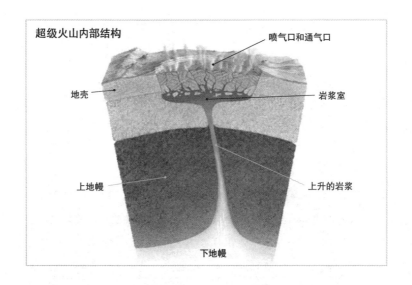

超级火山内部结构

地壳

喷气口和通气口

岩浆室

上地幔

上升的岩浆

下地幔

　　世界其他国家也不可能轻易避过。上升到大气层中的气体和火山灰会与水和水蒸气混合产生一种烟雾，这种烟雾会遮住阳光长达数年或数十年之久，使地球陷入火山严冬。这将会置动植物于死地，世界各地的农田都将颗粒无收。如果多巴火山的爆发引发了千年寒流这一想法是正确的话，那接下来的 10 个世纪将会是毁灭性的。人类会灭绝吗？可能不会，虽然现代社会可能会陷入混乱，最后的死亡人数也会是难以想象的巨大。

　　我们并不知道黄石公园是否会有下一次的火山喷发，或下一次火山喷发是何时。也许是几年之后，或者是 10 万年以后、300

万年后，又或者永远不会。有些地质学家给出了可靠的推断：鉴于热点区域以前位于地壳最薄弱的地方，现在它已经被上面的落基山脉安全地堵住了，即便落基山脉也一直处于移动状态。

你觉得那样很糟糕……

德干地盾形成了印度辽阔的高原。它是由 6600 万年喷发的岩浆凝固而成的一块 2000 米（6500 英尺）厚的岩石，总体积达到 512000 立方千米（123000 立方英里）。火山喷发可能持续了 30000 年，岩浆覆盖了印度一半大小的区域。全球气温下降了 2℃。许多专家认为，火山爆发和陨石冲击这双重灾难决定了恐龙和地球上 75% 的动植物物种灭绝的命运。

第九章

我们能活到 1000 岁吗？

人的寿命更长了——但与延长几个世纪寿命的雄心相比，延长几年根本不值一提。

人类能活多长

人们认为"正常"的人类寿命一般在 70 岁左右。事实上，人类平均寿命比这要短得多，尤其是在人们所处的时代和地点受到战争、饥荒和疾病等危险的威胁时。但对于那些可能活到老年的人，始终明确的是他们想要延长享有特权和衣食无忧的生活。在古希腊人中，苏格拉底（Socrates）被处决时是 70 岁或 71 岁，而伊索克拉底（Isocrates）活到了 98 岁；在 3000 多年前的古埃及，拉美西斯二世（Ramesses II）活到了 90 岁。

当然，"正常"的寿命是一个模糊的概念。它不是最大的可能，也不是平均值，而或许是我们的一个期望，期望能幸运地避开灾难，有一个不会因营养不良、生活条件差、压力和创伤而降低的高品质生活环境。过去，婴儿和儿童的死亡率要高得多，还有许多人在 10 岁、20 岁、30 岁、40

> "我们一生的年日是 70 岁，若是强壮可到 80 岁；但其中所矜夸的不过是劳苦愁烦，转眼成空，我们便如飞而去。"
> ——钦定版圣经，诗篇第九十章

岁或 50 岁时就去世了，因此平均寿命就会降低。由于生育的危险，女性在她们主要生育年龄期间——从青春期到 40 多岁最为危险。这同样也是男性处于危险的年龄，他们会经历疾病、意外，或死于战斗。

如今，工业国家的大多数人都有望能活到 70—80 岁，这主要归功于儿童接种疫苗、更安全的分娩和工作方式，以及战争的减少。许多人能活到 100 岁，少数人能活到 110 岁甚至 115 岁。但如果我们能活得更久将会怎样？例如，活到 800 岁、900 岁甚至 1000 岁。这有可能吗？这样做的社会意义是什么？我们内心，真的想活这么久吗？

为什么会死？

撤开那些已经达到高龄的神话人物，只有一小部分人能活过 100 岁。人体似乎带有与生俱来的自我限制。有几项研究试图发现影响或导致人体衰老的因素。有些研究食物的摄取，并显现出明确的结果，其他的研究染色体的结构。

吃得更少，活得更久？

对于大鼠和小鼠的研究发现，控制热量的摄入，同时防止营养不良，可以延长寿命——有时能延长到原来的两倍。2014 年，一项研究发现，对灵长类动物进行饮食限制也有同样的好处，进行饮食热量控制的恒河猴活到 35 岁的数量是正常饮食（控制组）的两倍（与年龄无关的死亡不计入结果）。这表明，如果我们吃得更少就能活得更久——而且还可以避免超重或肥胖，不过要比我们保持健康身材的习惯性饮食还要少一点。为了让恒河猴适应这个变化，它们的食物供应量在三个月内逐渐减少了 30%。关于控制热量是如何对身体产生益处的，有几种可能的解释，但这个机制尚未得到充分验证。

在哪里可以活到高龄

日本岛根县每一百万人就有 100 多人活过百岁，超过世界任何其他地方。2010 年，该县每一百万人有 743 位百岁老人。日本、美国和法国都有一些最长寿的人。年龄可得到确切证明的最长寿的人是亚娜·卡尔曼特，于法国去世，享年 122 岁（1875—1997）。

限制饮食热量的实验是在受控的条件下进行的，一般来说，科学家们会给动物一些膳食补充剂，确保它们受限制的仅仅是热量，而不是其他必需元素。科学家也将人类作为实验对象进行了热量限制实验，但结果不一。所以关于热量限制对人体健康是否有益尚无定论，请勿在没有专业建议和监督的情况下于家中进行饮食热量限制，你不是实验动物。

你的细胞有多健康？

我们研究细胞通过老化（生物学上的衰老）而衰退的途径，

要着眼于细胞分裂的过程及其局限性。我们的身体不断长出新细胞，取代废旧或受损的细胞，以此进行自我更新。为了产生新细胞，现有的细胞会分裂成两半。产生同类型新细胞的细胞分裂过程，叫做有丝分裂。

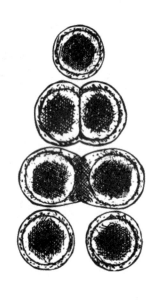

在此过程中，细胞复制它的内容物，然后每组细胞成分分离，中间会生长出细胞壁，将两边分成两个独立的细胞。

染色体是长链形的 DNA，它将生物的遗传指令进行编码。又长又复杂的 DNA 分子看起来很像螺旋状的阶梯。在 DNA 分子中，"阶梯"是由碱基组成的。当准备复制时，DNA 就"解压"成两半，每一半都很容易重建，因为每个碱基必须与它一贯的同伴相匹配。细胞会构建每个链的后半部分，然后就有两组完全一样的染色体了。

到目前为止，一切都很好。但细胞完成的这个机制是个相当复杂的任务，需要每个染色体的末端都脱落一点。这就意味着，每重复一次，每个染色体长度就会减少一点，那染色体可能会损失惨重，但幸运的是它是有备而来的。每个染色体末端都有一个

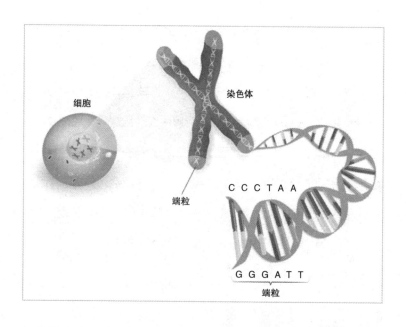

细胞

染色体

端粒

C C C T A A

G G G A T T

端粒

帽状的非编码物质，叫做端粒。端粒可以保护染色体上重要的编码部分，这样所有的信息都能完整地传递。然而，每一次细胞分裂和染色体的复制，端粒都会减少一点。

　　最后，经过多次复制后，端粒帽会变得太少而无法保护染色体。此时，细胞就会衰老或死亡。如果细胞继续复制，DNA 将会受损，导致细胞功能失常，这对整个生物体来说是很危险的。事实上，如果发生这种情况，病变细胞继续复制，就会导致癌症。

　　因此，当生物衰老后，它的端粒会变短。这是很明显的——如果细胞每分裂一次，端粒就失去一点，那么生物越衰老，端粒就会越短。只要我们知道生物体原始的最佳端粒长度，就有可能通过观察端粒缩短的长度衡量衰老的速度。对年轻人来说，大约有 10000 个核苷酸，一个核苷酸就是一组碱基对。在端粒中，核苷酸都有 TTAAGG（胸腺嘧啶、胸腺嘧啶、腺嘌呤、腺嘌呤、腺嘌呤、鸟嘌呤、鸟嘌呤）的配置。缩短速率各不相同，人类肝细胞每年会失去大约 55 对碱基（这意味着如果能活到你的肝细胞端粒耗尽，那你可能会活到 180 岁）。其他细胞平均减少的速度大约是每年 25 对碱基（因此你可能会活到 400 岁）。

停止恶化

研究发现，造成比同龄人平均水平短的端粒的情况不但与寿命缩短有关，还与年龄相关的早发性疾病有关，如冠心病、糖尿病、骨质疏松和心力衰竭。在老年人中，那些端粒最短的人，通常很快就会去世。

幸运的是，有些行为似乎可以保护端粒，降低其缩短的速度。还有一些行为可以提高端粒缩短的速度，你应该可以避免。可以断定的是，这些是常见的问题，可以采用一般的预防措施：锻炼身体、健康饮食、不要暴饮暴食，还有戒烟。

　　*吸烟：一天抽一包烟，端粒消耗一年会增加 5 对；四十年如果每天抽一包烟，寿命将减少 7.4 年（平均）。

　　*肥胖：肥胖者的端粒比同龄的苗条者要短很多。他们端粒消耗殆尽比苗条者要早 8.8 年。

　　*污染：过度暴露于污染物中与端粒缩短有关。人们发现交通警察的端粒要比同龄的办公室工作者更短。

　　*压力：持续的压力可以导致端粒缩短，相当于数十年的寿命。

　　*锻炼：让身体处于活跃状态能减少端粒缩短的时间。

　　*饮食：保持健康最好的饮食，长端粒——富含纤维、低饱和脂肪、ω-3 脂肪酸和抗氧化维生素，如维生素C、维生素E和β-胡萝卜素。限制蛋白质的摄入有助于降低生长速度，降低食欲，减少端粒缩短。这使实验动物的寿命延长了 66%。如果这对人类有用的话，那人类的寿命就能达到 150 岁。尽管蛋白质是我们饮食中不可或缺的一部分，但每个人的需求量是不一样的。

　　所以，请勿在没有医生建议的情况下，限制你和你孩子的蛋白质摄入量。

或不阻止

2014 年的一项研究发现，体重、吸烟、运动频率或酒精摄入量与端粒缩短之间并无联系。关于这一点还暂无定论，但并没有人说，健康饮食和积极主动对你或你的端粒有害处。以色列特拉维夫的科学家们的一项研究发现，咖啡因会增加端粒的缩短，但酒精会减少端粒的缩短，因此一个抵消了另一个。但他们的研究使用了酵母，所以这可能不适用于我们。

扭转恶化的形势

时光似乎可以逆转，端粒酶能促使端粒再生。正常情况下，端粒酶出现在干细胞中，包括在骨髓中产生造血细胞的那些干细胞。干细胞是基本细胞，身体中的其他细胞都源自它。端粒酶在人体细胞中并不活跃。

如果将端粒酶应用于那些端粒会随着时间缩短的细胞中，就

端粒与癌症

　　癌细胞一开始的端粒通常就比较短，但有许多是后期在端粒酶的作用下变短的。当端粒得以延长，癌细胞就被赋予了新的生命。然后癌细胞就可以迅速繁殖，并且不会发生进一步的基因变化。这就使得它比体细胞更成功——而这是个坏消息。然而，如果端粒酶与癌细胞的无限制生长有关，那这就表明旨在抑制端粒酶功能的治疗——至少在癌细胞内——可能会降低癌细胞的扩散和增长速度。

能让端粒再生。这就有可能治疗或延缓与年龄有关的疾病的发作。首次临床实验可能会针对性治疗那些患有会加速早期衰老疾病的人，而不是想要活到 200 岁的人，或那些不计后果地消耗端粒的人——他们常年暴饮暴食和吸烟。

　　2015 年，美国加利福尼亚斯坦福大学的一项实验促使细胞产生了端粒酶。研究人员发现，他们可以在缩短的端粒上加回 1000个核苷酸——这相当于人类许多年的寿命，或许有望能比期望的寿命还多 10%。

　　用这种方法处理过的人类皮肤细胞，比未处理过的细胞能多分裂四十多次。

长寿大师：奥布里·德·格雷（Aubrey de Grey）

奥布里·德·格雷（见右图）是一位生物学专家，他认为延长人类寿命在科学上是可能的。他说过，第一个能活到1000岁的人可能已经出生。德·格雷认为线粒体DNA的累积损伤是衰老的元凶。他列出了7种在细胞或微观水平上的身体恶化，认为这

是导致衰老的原因。他还成立了一个非营利性组织，该组织致力于寻找解决这个问题的方法，并以延长人类寿命为宗旨。

几乎没有科学家认为德·格雷的清单真正地定义了老龄化，而且目前其还没有提供任何可以延长寿命的治疗方案。大多数从事于该领域研究的科学家得出结论，几乎没有什么理论能支持他，但也没法证明这是完全错误的。

但你愿意吗？

正如所有的科学发展一样，突破性新发现和新知识的大好前景容易让我们得意忘形。但始终值得考虑的是，我们是否真的想要实现我们的目标。

只有当额外的几年寿命是健康又有活力，延长的寿命才是有价值的。这就是利用端粒酶所呈现的前景。不可避免的是，任何这样的治疗都很昂贵，所以该技术的应用将仅限于富裕国家的富人们，至少刚开始是这样的。社会影响也将是巨大的，而且可能是不太好的影响。

那对于高龄老人的影响是怎么样的呢？你真的想在你爱的人死后再活好几百年吗？你想看着这个你曾熟悉的世界完全消失吗？试想一下，如果你生于1000年以前，到今天已经约1100岁，这是好还是坏呢？在一个资源有限而又人口众多的世界，很老很老的人会受欢迎吗？可能会有这样一种想法：他们应该把机会让给年轻人。

活得更久，还是死而复生？

　　由于极大地延长寿命或获得永生在短期内都是不可能实现的，所以有些人花费巨资将他们的身体低温保存（即死后冷冻）。资金较少的人只保存自己的头部，他们是想在未来某个能将其治愈的时间复活，治疗，并继续活着。到目前为止，美国已有超过150人将被低温保存（全世界有300人），另外80颗头颅也在储存中。

　　但100年后，当认识的人都已不在，你复活以后是什么感觉？

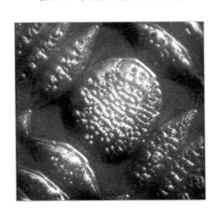

而且未来的人们为什么想让一群多病、富有的人复活呢？也许他们出于好奇心会复活一两个人，但不可能复活所有人。他们（我们）对于一个已经进步的社会又有什么用呢？

如何冷冻

低温保存没有 DIY 的选择——你不能用家里的冰箱来完成。

人类一死，低温小组就要在移送到保存场地的途中保持死者身体的血液循环。尸体体温会降到接近于 0 ℃。

为了防止器官和组织因形成冰晶而被破坏，身体中的血液会被抽干，用冷冻液取代。尸体会冷却至 –130℃，会被放进一个容器，然后置于液氮罐中。它的温度将维持在 –196℃。冷却过程非常缓慢，大约每天下降 0.5℃，需要 2—3 周。

评论家们指出，身体不同器官需要的条件和冷冻液是不一样的，目前还没有可以安全地解冻冻人的技术，而且成功解冻的人类身体，可能会受到严重的损伤或者可能完全丧失记忆。一个 –196℃ 的尸体将非常脆弱，如果受到振动，可能会像玻璃一样支离破碎，而且解冻的过程中，可能会产生足以对它造成无法挽回的伤害的热冲击。如果你仍然热衷于此，那么保存整个身体的费用是 200000 美元，只保存一颗头颅的费用是 80000 美元。

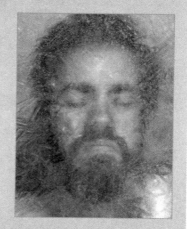

第十章

为什么人造卫星不会掉下来？

人造卫星在地球引力范围以内，但它们通常不会落
到地球上——为什么不会呢？

漂浮

　　地球引力的影响是穿过大气层的——毕竟，月球一直保持在轨道上，并不会跑到太空中去。但宇航员和太空站上的其他东西显然都处于失重状态。国际空间站就是一颗人造卫星，像气象卫星和通信卫星一样绕地球轨道运行。宇航员体会到的失重状态为人造卫星为何可以留在轨道上提供了一条线索。

没有着陆的下落

　　人造卫星和国际空间站（ISS）上失重的宇航员，并不是由于相同

重量和质量

　　重量和质量是不一样的两个概念，尽管我们经常交替使用这两个词。重量是引力对质量的作用。这意味着一个物体有固定的质量，如10千克（22磅）在宇宙中比地球的引力小一点的地方在月球。

　　在地球上，你的重量和质量是一样的，那是因为我们参照点是一样的——地球引力。月球上的宇航员与他们在地球上的质量是一样的，但他们的重量大约是地球上的十分之一。因此，月球上的宇航员可以举起比在地球上更大的物体（质量更重的物体），因为物体的重量更轻。

的原因落回地球，但两者都是自由落体。

自由落体是一种不断下降的状态，但其实从未撞到任何东西，因为当实现自由落体时，"下降"的位置已经移动了。设想一下，将下落的过程分为很小的时间间隔，每个瞬间物体都朝着一个大物体（如地球）的中心坠落，但每个瞬间，它也围绕着这个物体移动，因此它朝着的地方是随着"下降"而不断变化的。

当物体以合适的速度绕地球轨道运转时，就能以这种方式抵消重力，实现自由落体。这并不是物体不受重力影响，而是它们在力的作用下不断避开这个因素。它运行的速度取决于作用于物体上的引力，也就是取决于它绕地球运行的高度，因此物体的质量并不会造成差异——如果月球或者篮球大小的通信卫星在同一高度，那它们需要以同样的速度运行。

如果一颗人造卫星所在的轨道过低，就会导致它还处于大气层以内，那么来自空气分子的阻力会使其速度降低，每运行一圈，轨道就会出现明显的下落，卫星就会撞到地面，因此我们不能让卫星在大气层以内逗留。

选择你的轨道

轨道被分为带状，海拔低于 2000 千米（1200 英里）为近地轨道；2000—35786 千米（1200—22236 英里）为中轨道；35786千米以上的为高轨道。大多数卫星都位于近地轨道上，处于地面上方约 650 千米（400 英里）的高度。

35786 千米，这个精确高度是个特殊的位置，叫做"地球同步轨道"。在这个海拔高度，卫星行进速度正好与地球自转速度一致。结果就是，卫星紧跟着地球上的某个点，并始终保持在其上方，这被称为"对地静止"。通信卫星通常都是对地静止的，这就使得它们可以在地球上固定的点之间传输信号。

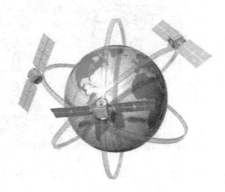

在地球同步轨道之外有一个被称为"死亡轨道"的

区域，旧卫星会被送去那里毁灭。在那里，它们只是不碍事地在轨道上进行无休止的运转。那里变得十分拥挤。太空垃圾——卫星、整颗卫星、从航天器上脱落的碎片——对从地球发射的航天器来说越来越危险，必须让它们毁灭。

不在地球同步轨道上的卫星，如国际空间站（ISS），会从地球表面越过。ISS 在海拔 330—435 千米（205—270 英里）处以大约 27600 千米 / 小时（17000 英里 / 小时）的速度移动。其中一个结果就是船员每 90 分钟就能看见一次日出！所以非地球同步卫星常用于测量和预报天气。

从国际空间站看到的地球曲线上的日出

地心引力的乐趣

艾萨克·牛顿（Isaac Newton）于 1687 年发表的万有引力定律，确定了引力与物体间的距离成反比。简单来说，这就意味着，如果物体间距离增加一倍，作用于它们之间的引力就是原来的四分之一。当你测量地球引力时，地

球中心就是测量的出发点，当然，我们每天感受到的引力就是地球表面的引力，来自地球内部 6371 千米（3958 英里）的地方。

取消引力

随着引力的降低，我们会离一个物体越来越远，如地球或月球，这两者间有一个地球引力和月球引力恰好相等并相互抵消的点。

约瑟夫·拉格朗日

在这个点释放一个没有加速度的物体，它会悬浮在这两个星球中间，这个中性点也被称为"拉格朗日点"，是以第一个计算出它的意大利天文学家约瑟夫·拉格朗日（Joseph-Louis Lagrange）（1736—1813）的名字命名的。地球与太阳之间也有一个拉格朗日点。放在拉格朗日点上的卫星用于研究太阳和绘制宇宙星图。离月球越近，月球的引力就变得比地球引力更强。在这个点释放一个没有加速度的物体，该物体将会落向月球，而不是地球，最后落到绕月球轨道中（或者撞上月球）。

地球的质量约是月球的 81 倍。当引力遵循牛顿的平方反比定律，地球和月球之间的中性点到地球的距离，应该是到月球的 9 倍（因为 $9^2=81$）。它距离地球大约 340000 千米（210000 英里）。但它并不是一个单一、固定的点。这个能让我们计算出位置的等式是基于每个物体都是完全光滑的球体，但地球和月球都不是规则或光滑的球体。还有，每个物体的密度也是不一样的，这就意味着地表上的引力不完全相等。此外，绕月球轨道并不是真正的圆形，而是椭圆形。最后，中性点的准确位置，随时会受到地球

哪个方向是"向下"？

"向下"总是指向地球的中心。无论你是在赤道、澳大利亚还是某个极地投下一个物体，它总是会掉到地面上，因为它被地球中心所吸引。在太空中，物体会被任何施加引力物体的中心所吸引，这意味着有很多引力源将物体拉向不同的方向。引力最大的物体可能不是来自最近的物体，这与质量和距离有关。发送到地球和太阳之间的宇宙飞船应该离地球更近，但如果太阳的引力更大，它会被拉进环太阳轨道。

虽然在太空中，地球总是北边朝上，因此看起来像是南边是"向下"的，这只是常规：上和下，北和南在太空中并没有意义。

上距离月球最近部分的影响。例如，如果喜马拉雅山脉在地球和月球之间，就会影响中性点的位置。

当月球绕地球轨道运行时，并且两者都在宇宙中绕太阳运转，中性点也绕地球轨道运转，在某个特定的时刻，它会位于地球中心和月球中心之间的连线上。

更稳定的地方

如果一个物体绕另一物体的轨道运转，那这两者之间就不只

"波茨坦土豆"是一张地球图像，上面标出了不同点的地心引力的强弱

有一个中性点，会有五个拉格朗日点，其中最明显的——就如描述那样——叫做L1。其他的是：

*L2，位于较小物体的轨道之外，距离与L1相等，但方向与之相反。

*L3，位于较大物体的远侧，在轨道路径上，与较小物体的当前位置直接相对。

*L4和L5，在等边三角形的基础上，用一条线连接两者的中心点产生的点。

当然，L4和L5是最稳定的。在L1、L2和L3轨道上运转的物体趋向于脱离轨道。

让我们生活在太空中

在L4和L5点上，一个物体可以不用自身的力，就能绕较小物体的轨道运转，这使得它们成为空间站停靠的绝佳位置。许多

天文台和望远镜为观测
太阳 – 地球系统而占据
了 L1 点和 L2 点。

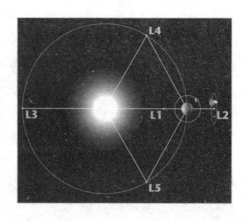

　　有些星球的天然卫
星位于 L4 和 L5 位置上，
与太阳相对（由于 L1—
L3 轨道趋于不稳定，在
这些位置上的天然卫星并不常见。不稳定性源于其他绕太阳运转的
星球的引力）。这些天然卫星一般都是小行星，但土星的卫星特提
斯（Tethys)在它的 L4 和 L5 点上有两个更小的卫星，叫做卡吕普
索（Calypso）和泰莱斯托（Telesto）。木星有两颗小行星，每个点
上都有一颗，叫做希腊（Greek）和特洛伊（Trojan）阵营。

向上

　　大部分用于发射卫星的能量（和燃料）实际上并不是要将它
向上发射，而是将其加速到与轨道相合适的速度。太空其实并不
遥远——从地面以上 100 千米（62 英里）开始。这意味着有些地

方如西雅图、北京、开罗和堪培拉比海洋离太空更近。真正的挑战是，将一辆汽车加速到约每秒 8 千米（5 英里），并在太空中保持这个速度。一旦进入轨道，它就不需要一直使用燃料。如果它开始漂移（叫做"位置保持"），就只需要一点能量进行微调。

于 1975 年形成的 L5 协会提出，在月球的环地球轨道上的 L4 和 L5 点建立巨大的太空殖民地。不用说，这已经离现实不远了。1986 年，L5 协会与国家太空机构合并，也就是今天的全国太空协会。

再向下

有时候，卫星轨道会衰减。发生这种情况通常是因为它失去速度，而不再能保持引力向前的拉力。大多数坠落的卫星在它们进入地球大气层时，会燃烧或破裂。空气分子与卫星材料之间摩擦产生的能量足以摧毁卫星。有时，完整的大块碎片会落到地球上。这就是卫星经常会"停"在"死亡轨道"上的原因——这样它们就不会撞到地球上或造成任何伤害。

相对论呢?

牛顿将引力作为一种
力的模型，已被爱因斯坦
（Einstein）广义相对论中
的说法所替代。爱因斯坦
说，引力是弯曲时空的一
个特征，最通俗的描述就
是将时空比作一条拉紧的
毯子，一个巨大的物体（毯
子上的球，或时空中的行星
和恒星）会让它下沉或弯曲，
其他物体会自然落到更重的物
体上沉往低处。这并不是个完美

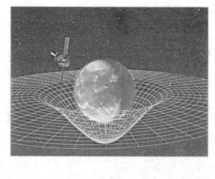

的类比，因为它用三维空间中二维的毯
子来表现四维空间，但这是个很好的开始。

　　一个展现三维空间曲线的曲线图很难理解，但这更贴近真实

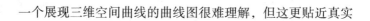

情况（见上页图）。

　　幸运的是，卫星的行为遵循牛顿定律，而牛顿和爱因斯坦理论之间的差异对这个比例并没有造成太大的影响。

　　不过，当要处理非常小或非常大的体系时，牛顿的定律似乎就会显得不那么够用了。

第十一章

如果你掉进黑洞将会怎样？

掉进黑洞，并不是需要你花很长时间担心的事，它并不会发生在上班的路上。

既不黑，也不是洞

实际上，"黑洞"这个词有点使用不当。一般来说，洞意味着没有东西，但黑洞中有着很多东西。黑洞的官方定义为：一个表现出有超强引力效应的时空区域。当物质将引力作用于另一个物质上时，物体作用的引力等于它的质量，这表明，由于黑洞能产生巨大的引力，所以它质量也很大（从技术层面上来说，是非常大的）。

但就黑洞的质量而言，它所占的体积非常小，因此黑洞的密度很大。黑洞是在物质坍塌时自己形成的，产生的物质密度太大，以至于引力太强，连光都无法逃脱。这意味着它们在太空中显示为黑色区域——看起来像是星辰满布的苍穹中的一个"洞"。

我们如何才能"看见"黑洞

由于黑洞不发光，也不反射光，所以它们是不可见的，这就使得它们很难被发现。但天文学家能从它们对其他物体的影响中发现其存在。一个靠近恒星的黑洞，有时会影响恒星的轨道。黑洞的引力能弯曲其后面恒星或星系发出的光线，这种效应叫做引力透镜效应，意味着天文学家们看到的恒星或星系实际上是隐藏起来的。如果黑洞有足够强的引力吸引附近恒星或其他物体的气体，当这些气体螺旋式进入黑洞时会变热，然后发生炫目的辐射大爆炸，这是太空望远镜可以观测到的。当然，目前并不是所有的黑洞都会发生这样的现象，所以可能有很多我们不知道的黑洞在宇宙中存在。

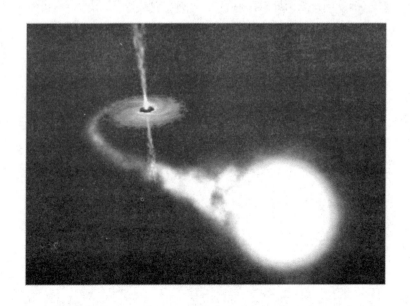

超动力引力

极大的引力成就了现在这样的黑洞。在每个黑洞的周围，有一个边界叫做视界，一旦有任何东西靠近视界，黑洞的引力就会变得不可抗拒，物体（或光）就会被拉向它，不可避免地变成黑洞的一部分。

然而，并不是所有被黑洞视界吸引的物质最终都会成为黑洞的一部分。在黑洞周围，视界之外的物质形成了吸积盘，由于失去角动量，其中一些物质就会落入黑洞，而在吸积盘内旋转的物质，碰到其他高速运转的粒子时，一些物质和辐射会被炸到太空之中，叫做外流。

这种现象向人类提供了另一个发现黑洞的线索。

掉进去？

黑洞的引力是无限的。引力是质量的一个因变量，作用于另

一个物体上的引力大小取决于两者的质量和距离。就如同地球不会落到太阳上一样，一个物质偏离到黑洞附近，或绕黑洞运转，都不会落入黑洞。

但是，正如当物体太靠近太阳（或地球）的表面，就会被它的引力吸入一样，如果我们（愚蠢地）让一艘宇宙飞船过于靠近黑洞，也会被吸进去。飞船进入围着视界转的吸积盘后，它可能会失去足够的角动量，然后被吸入黑洞。当发生这种情况时，就会发生奇怪的事情。

如果我们看到物体在引力的作用下，坠落到地球上，这个物体形状是保持不变的。引力对所有星体的作用都一样，但是就黑洞而言，即使是在很短的距离内——比如宇宙飞船的长度，或宇航员的高度——它的引力也是巨大的。随着距离的变化，引力会逐渐产生影响，飞船（或宇航员）最靠近黑洞的那一部分——最前面的那部分——比最远的部分受到更大的引力。这意味着一端会比另一端更快地朝着黑洞加速，导致拉伸或"意大利面条化"，即物体会被拉成一个很长很细的长条。但那只是一瞬间，随后它们就消失在太空中，变成黑洞超密物质的一部分。

我们会被黑洞吸进去吗？

如果你待在地球上，不在黑洞附近的太空中漫游，你就不会受到这种特殊的威胁。黑洞不会在宇宙中移动，寻找吸进去的物体——它们的位置（或轨道）是固定的。当一颗大恒星成为超新星，并留下一个黑洞（见上页图），这个黑洞会占据以前恒星所在的位置中心。它与恒星有着相同的引力场，所以不会吸收附近的恒星和行星，因为任何脆弱的物体可能已被恒星的引力吸入。

天文学家认为，唯一自然形成的新的黑洞来自恒星的坍塌。

原始黑洞形成得太晚，新星系是超级黑洞形成的唯一方式。我们自己的太阳太小了，而不能形成黑洞。最小的恒星有我们太阳的两倍大，而这个恒星可能会带着超新星或黑洞走向灭亡。

黑洞是怎么形成的

有三种不同大小的黑洞。最小的是在宇宙发生大爆炸不久后形成的原始黑洞。它们可以像原子一样小，质量却有几百万千克。

恒星型黑洞是中等大小的，它们形成于大恒星灭亡之时。恒星通常在超新星内爆炸，扔出光和物质。其他的恒星坍塌会在它曾在的地方留下一个黑洞。这个黑洞拥有原来恒星大部分的质量，但只占据很小的空间。一个有着太阳20倍质量的黑洞，宽度只有15千米（9英里）。

最大的是超级黑洞。和原始黑洞一样，它可能很古老，也许与它们所在的星系同时形成。即使不是全部，起码有很多大型星系中心有一个超级黑洞。银河系中心的黑洞叫做人马座A，它和太阳差不多大，但质量却是它的4百万倍。

我们能制造一个黑洞吗?

欧洲粒子物理研究所位于法国和瑞士交界处,研究所的科学家们为研究亚原子粒子,已经建立一个巨大的粒子加速器,叫做大型强子对撞机。非科学发布会上有很多猜测,欧洲粒子物理研究所的行为可能会制造出一个足以吞噬地球和宇宙的黑洞。但实际上绝对没有发生这种危险的可能性,原因有三:

· 如果这些微小的黑洞能通过碰撞粒子产生,那将会产生很多,但没有一个能伤害地球。

· 如果我们能创造这样微小的黑洞,它将会很不稳定,以至于会在很小的时间间隔内衰变,这从物理定律上来说是毫无意义的——它没有任何造成破坏的机会。

· 如果物理定律是错的,我们都能创造出这样一个黑洞,并能合理地维持一段时间。它会长得很慢,一次"吃掉"一个亚原子粒子,要花费几万亿年时间才能长到一千克,这时间比宇宙现在的年龄要长得多。所以真的不用担心。

第十二章

为什么我们不能让熟鸡蛋变成生鸡蛋？

烹饪是一条单行道。一旦你烤了一个蛋糕或煮了一个鸡蛋，就没有回头路了。

化学变化和物理变化

我们通过加热融化冰激凌或冰块，如果后悔，那么一切并不是无法挽回。你可以将它们再次冷却，就会使它们恢复到之前的样子。当然，冰激凌重新冷冻时需要搅拌一下，否则它不会恢复原状，而如果你这么做了，它就会看起来、尝起来都完好如初。

不过，其他的食物随热量发生的变化往往是永久性的，烹饪通常是不可逆转的，区别就在于，它们在分子水平上发生的变化。

冰或冰激凌的融化是一种物理变化。当你将冰加热到熔点时，冰中的水分子并没有变化，从固体到液体，或是从液体到气体（和反过来）的变化叫做相变。加热一种物质需要给分子提供能量，这样会增加它们的运动。当冰块受热，分子运动会更加剧烈，最终脱离原来的晶体结构。当分子受热越来越多，分子的运动会越来越剧烈，直到水沸腾。那时，分子会从水的表面跑到空气中去，然后蒸发。因此你可以对冰或水进行多次加热，水分子并不会单独发生变化——它们只会或多或少地运动，这要取决于温度和相位（固体、液体或气体）。

煮鸡蛋显然是另外一回事。当鸡蛋被加热时，鸡蛋中的蛋白质会改变性质。这就意味着，它发生了化学变化，改变了分子形状。蛋白质分子是长链型的，必须折叠成正确的形状才能真正地发挥作用，它们由各种力固定在一起，如氢键（分子中的氢和其他一些原子间的弱键）。当蛋白质受热，分子受到震动或摇晃，就会破坏氢键，随后蛋白质分子的长链就会散开，蛋白质就失去了基本的形状，而由于形状的改变，蛋白质的物理性质也会随之改变。

当我们加热鸡蛋时，氢键的破坏会使鸡蛋的蛋清变成不透明的固体，而一旦氢键被破坏，就不能复原。这时，没有任何一种方法能让蛋白质复性，它们复杂的构造已经一去不复返了。

从茶里分离出糖？

不过，虽然有些物质的变化过程看上去不可逆，但实际上却又不像我们所想。比如我们将任何一种糖溶解于水中后会得到一种新的物质——糖水。但事实上，我们所做的只是将糖分子分散于水分子中，并没有组成或打破糖的氢键。

在这个变化中，糖和水只是完全混合在一起，糖具有和冰一样的晶体结构，水分子和糖分子都属于极性分子，带有不相等的电荷。这样一来，糖分子所在的区域被吸引到水分子所在的区域，糖就在这个过程中溶解，并失去了晶体结构（如果我们将糖置于

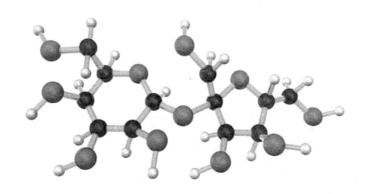

没有极性分子的油中，糖是不会溶解的）。

因此，当分子没有重新配置或形成新的化合物时，水和糖很容易再次发生分离。如果我们将水煮沸，或只是让它随着时间慢慢挥发，糖会再次以固体的形式留下，在容器底部形成结晶。

分离茶与水也类似。我们可以把茶水煮沸后让它蒸发，茶杯里就会出现一种看上去很脏的棕色的茶锈——能在放置了很久的茶杯里见到。这就是茶包或茶叶中的物质，但同时我们也很难将它放回去。所以分离茶水中的茶与水不是那么完美——因为茶里的油已丢失或改变，这就是速溶茶和新鲜茶叶品尝起来不一样的原因。

时光倒流

一般来说，化学变化是不可逆转的，而物理变化则可以，但

如果我们将之作为日常行为的指南显然也不是完全可靠的。打碎我们最喜欢的玻璃杯是物理变化，我们并不能让它恢复到原来的样子（从科学角度说，这个过程可逆，可以重新熔化玻璃，再铸造一个玻璃杯，但事实上这是一个用旧玻璃制作的新玻璃杯）。而有些化学变化却是可逆的。实际上，我们的生命就依赖于化学变化的可逆性。从空气中吸入身体的氧气，与血液中的一种叫做血红蛋白的蛋白质相结合，形成新的复合物——氧合血红蛋白。血液在体内将氧合血红蛋白输送到需要氧气的组织。这时，氧合血红蛋白再次分解为血红蛋白和氧，随即损耗掉，再一次开始运载下一批氧气的旅程。

第十三章

我们能和动物对话吗？

我们经常被那些模仿人类说话，或似乎能理解简单指令的动物所吸引——但它们真的明白人类表达的意思吗？

说话和不说话

　　能发出声音的动物分为两大类：有的是具备学习发出声音的能力，有的是不用学习天生就会。那些一出生或被孵化出来就能发出声音的动物，是对遗传基因做出回应，而不是学习任何一种"语言"。它们的鸣叫、咆哮或发出的嘶嘶声通常是对诸如恐惧之类的情绪及外界的刺激做出的反应，正如鸭子不用学或教，碰到水自然就会游泳一样。

　　另外一类其他动物可以学习新的声音，并将其添加到它们固有的词汇中去。人类就是个明显的例子：所有的婴儿都会啼哭，但渐渐地，他们学会发出其他声音，并开始说话。使用语言是人类的特别之处，在灵长类动物中也是如此，例如黑猩猩天生就知道如何用声音进行口头交流。它们呼噜声、尖叫声和嘘声的混合使用，并不会随着年龄而进化。

虽然成年黑猩猩的声音比幼年黑猩猩低沉，但其中蕴含的意思是一样的。当然，根据研究表明，它们口头交流的范围十分有限。

学习一种语言，或增加声音种类的能力在动物中是比较少见的。有此种行为的动物来自完全不同的物种，这表明它们曾进行过多次的进化。能学习声音的鸟类有三种：鹦鹉、鸣禽和蜂鸟，动物有五种：大象、海豹、蝙蝠、鲸类（鲸鱼和海豚）和人类。

我们为什么说话？

由于适当调整的声带、控制呼吸的能力以及人类所拥有的大脑，这几样相结合，使得我们能按照自己的方式说话。我们的大脑可以学习和模仿新的声音，使用语法一致的语言。鹦鹉虽然同样拥有学习新声音的能力，也善于模仿人类的语音，但在思维上与人类有着巨大的鸿沟。

唱歌训练

我们早就知道，斑胸草雀通过模仿成年雄性学习唱歌。但独自长大的幼鸟，从未听过它们可以模仿的雄鸟的歌声，就没有办法学会"斑胸草雀的语言"，不能吟唱出它们这个物种使用的正常歌声。甚至于，它们的叫声会显得毫无旋律且刺耳。

如果这些独自长大的鸟成年后进行交配生下雏鸟，它们会教授给后代同样奇怪的歌声（由于只有雄性才会唱歌，参与该试验的斑胸草雀并不多——没有雏鸟会从沉默的雌性那里学会唱歌）。几代之后，独自长大的鸟会开始发出接近于正常的歌声。到了第五代，它们的歌声听起来才会和野生斑胸草雀的歌声很相像。这就表明，学习和基因相结合能让鸣禽间产生交流。

显然，用人类孩子重新实验是不道德的。然而，有充分的证据证明，双胞胎会发展他们自己个人的语言（一种叫做"隐语症"

的现象）。这是比较罕见的，但当双胞胎发展出一种自己的语言时，他们总是有相同的语法结构。毫无意外，这是一个非常简单的结构，而且不允许复杂和微妙的语句出现。它倾向于只指出当时的情况，不区分主语和谓语，也没有词语指示时间和空间上的其他位置——一切都是在此时此地。由于双胞胎很快就会用他们能和别人交流的语言取代自己的语言，因而我们无法判断这种语言最后是否会变得更复杂。不会手语的失聪儿童也会发展出自己的手语，并且也遵循了双胞胎语言的语法规则。

语句中的含义

伶猴是生活在南美洲热带森林中的小猴子，它们在面临危险和遭遇捕食时会发出警报，提醒家庭的其他成员。2013 年，研究人员破译了它们的警报，发现其语法结构是一致的，并且能传递不同类型的信息。通过将两种警报结合使用，伶猴在它们传送的讯息中标示出捕食者是天空的猛禽（如鹰），

还是地面捕食者，如僧帽猴或小斑虎猫（小斑点猫），以及危险来自树冠上还是地面。

那是不好的

我们对如何学习语言的兴趣是存在已久的，过去人们对如何学习语言，是不那么挑剔的。所谓的"禁止实验"是指孩子在成长过程中接触不到语言，或有时是没有任何人的陪伴。过去进行了好几次这样的实验——可能比已记录的次数更多——尽管没有现代实验的要求严格。

据说，埃及法老普萨美提克一世（Psammetichus I）将两个孩子送去给牧羊人抚养，让他们喝羊奶长大；不允许牧羊人及他的家人和这两个孩子说话。普鲁士国王腓特烈二世（Frederick II）的孩子也是由护士和仆人养大，他们被禁止和孩子说话。两位统治者都希望通过他们的实验发现人类最初的自然语言，但现实也许令他们失望了。

童年时期是人类学习第一语言的最佳时机，但大约在孩子开始变成叛逆少年的时候，这个机会就丧失了。

通常野孩子和那些在孤独中长大的孩子（通常是通过虐待），如果在13岁之前还没有接触到语言，就无法完全学会一种语言。这可能是因为，用来控制语言的大脑部分没有得到发展，或分配给了其他功能。那些被发现并带入到社会环境中的小孩子，通常能学习说一种语言，就像在这个社会环境中长大的孩子一样。

对我说

　　能区分动物发出的声音中的编码意义是一回事，但表明其他动物能理解，并对此做出回应是另外一回事。许多种猴子或其他动物找到食物时会发出叫声。为了检测出这种传达给同伴的叫声中隐含的信息，我们需要进行一些实验。

　　一组曾研究过英国特怀克罗斯动物园的倭黑猩猩的研究人员对动物觅食时的呼叫声中的含义进行了研究。倭黑猩猩发现食物时，根据对食物的喜爱程度，它们会发出五种声音。研究人员把受欢迎的食物（猕猴桃）或可接受的食物（苹果）放在倭黑猩猩的围栏里，然后记录它们发现每种食物时发出的声音。他们随后在同一区域放出了第二组倭黑猩猩（现在第一组已离开），并回放录音，观察新一组倭黑猩猩会在哪里觅食，会多么兴高采烈地觅食。两组倭黑猩

猩都习惯于在同一个地方发现猕猴桃，在另一个地方发现苹果。

倭黑猩猩在第一次进入围场时，通常更倾向于寻找猕猴桃，当播放发现猕猴桃的倭黑猩猩的叫声时，这个偏好得到了很大程度的提高。此外，当研究人员播放在苹果的位置发现苹果的倭黑猩猩的叫声时，第二组寻找苹果的倭黑猩猩表现出比平时更大的兴趣，而忽视了放置猕猴桃的位置。结果表明，至少第二组的某些倭黑猩猩能理解第一组倭黑猩猩叫声中的含义。

海豚在叫什么？

海豚用特有的喀喇声和口哨声互相交流。总部位于苏格兰圣安德鲁斯大学的研究小组对 200 只生活在北海的宽吻海豚进行了追踪，并"偷听"它们的"谈话"。他们发现每只海豚都有自己特有的撞击声和口哨声，这其中包含了它的性别、位置和健康状况等信息。一只想与以前亲密的伙伴交配的海豚，会模仿另一只海豚独特的叫声，而一只寻找孩子的海豚母亲会发出孩子特有的叫声，直到找到它。这个特别的声音实际上就是一个名字。当海豚加入一个团体时，会说出它们的名字，就如同人类在会议开始时会自我介绍。

当研究人员播放这个声音的
录音时，每只听到自己名字的海
豚的回应就是重复这个声音——
因此如果你有许多海豚的话，可
以发起一场海豚登记。他们还发
现，海豚会更靠近播放某个海豚
声音的喇叭，这个声音是它们所熟悉的。

海豚语言中大约有一半是信号声，为了了解它们另外一半的
声音在说什么，我们还有很多工作要做。

说话和唱歌

鸟鸣声听起来与人类语言相差甚远，但研究人员发现，两者
使用相同的大脑机制来控制 55 种同样的基因。研究包含了对鸣禽
的 48 种基因进行排序，对它们的大脑进行分析，并观察鸟类是如
何学习它们的歌曲。和年轻人一样，当雏鸟学习"说话"时，也
会含糊不清、结结巴巴。而且和人类一样，鸣禽也会双语。通过

对鸣禽的研究，科学家们希望，他们能得到更多关于人类是如何发展语言的知识，或许有助于解决语言障碍。

除了鸣禽，鹦鹉和蜂鸟也能学会新的声音。它们有时会运用技巧来模仿人类的语言。有许多鹦鹉和八哥明显地使用人类语言的例子——但是对于它们"说"的，它们又能理解多少呢（如果有的话）？

谁是第一个说话的？

鸟类存在的时间比人类长得多，早期鸟类大约在1亿5千万年前就出现了，并在大约5500万年前，它们的种类大幅度增多。而最早的人类大约出现在200万年前，我们甚至都不知道早期人类是否使用语言。

虽然参与语言的基因是一样的，但这并不意味着人类和鸣禽由同一祖先进化而来。鸟类和人类最后一个共同的祖先生活在约3亿1千万年前，这很可能是趋同进化——同一解决方案分别出现在不相关的生物上的一个案例。

并不只是语言

鸟类的模仿能力并不局限于简单地模仿人类说话。鹦鹉可以学会吹口哨，甚至模仿一只熟悉的狗的叫声。有些鸣禽，如八哥也能模仿一些无生命物体的声音——电话、汽车报警器和链锯锯木头的声音。如果不知道这是一只鸟在叫，这些声音听起来是很恼人的。

文字和符号

语言不一定单指说话，或任何一种声音。不能说话的人可以用手语，发声之前的孩子也可以学习这种语言。对灵长类动物的研究发现，尽管这些动物的声带和大脑显然使得它们无法学习说话，但它们有些却可以学会使用手语（它们的声带无法完全合上，而且它们没有说话所需要的肌肉，来充分控制舌头和下颌）。不过，它们可以使用键盘和手势来交流。

黑猩猩、倭黑猩猩、猩猩和大猩猩已经成功地学会手语。甚至有一只黑猩猩自发地教给其他黑猩猩一些手势。但到目前为止，几乎没有证据证明它们确实学会了一种有一致语法的语言，而不

是把手势当作不相关的符号。不过使用美国手语（ASL）的黑猩猩已经取得了一些可喜的成果。瓦肖（Washoe）是一只由一对成年夫妇抚养的黑猩猩，它在尽可能接近人类孩子的环境中长大。它学会了将近350个美国手语手势，甚至把它们结合起来创造了新的词汇，如，"喝饮料的金属杯（metal cup drink）"表示保温杯，

"水鸟（water bird）"表示天鹅。当研究人员示意瓦肖，它的孩子最近流产时，瓦肖用一个手指滑过脸颊，示意它明白了，而那是一个美国手语中表示"哭"的手势。

与动物交谈

许多人认为他们的宠物的确能理解他们，并能表达它们的想法。一只咬着主人裤腿朝一个方向示意的狗是在要求去散步，或一只站在食物旁的猫是在讨吃的。但它们并没有使用语言，语言有语法结构和不同状态的词语(或手势)，这与它们的含义相关——例如，名词、动词和形容词。一只对命令"坐"（做）出回应的狗并不知道这个词的意义，它只知道当它听到这个声音时，如果坐下，就会得到认可或是一顿好吃的。这是条件反射，并不是理解。

同样，主人可能会将宠物特定的声音和姿势与它们想要的东西联系起来。但主人们并不知道这个"词语"、这个声音的"含义"，他们只知道宠物想要食物或想出门。但这种叫声不是语言，并不一定意味着"请喂我"或"我饿了"。当我们意识到饲养的狗是想出去散步，也并不意味着我们是在"和狗说话"。

然而，有些动物即使无法以言语做出回应，但显然它们能够学习人类语言，并能理解相当复杂的命令。

一只33岁的倭黑猩猩——坎济（Kanzi）认识许多英语单词。

可可（KOKO）

　　大猩猩可可（Koko）已经 40 岁，从 6 个月大开始，它就与加利福尼亚的一个研究站的人类待在一起。那段时间，它学会了用美国手语与人交流。2015 年发布的研究表明，可可的录像也显示，它已经学会控制呼吸和发声，这是在野外的大猩猩所不会的。这包括咳嗽、擤鼻子和发出嘘声。研究表明，给予适当的环境刺激，有些灵长类动物比之前更能控制说话所需要的身体部分。这并不意味着它们会说话——如果任何大猩猩都可以的话，可可或许已经这样做了。

　　它甚至能对不标准的组合词的命令做出正确的反应，这些词是它从未听过的。有一次，当告诉它出来时带一个微波炉，它就这么做了——这是它从未做过的事。

　　坎济最初的学习是通过偷听研究人员给它妈妈上的课程。它

开始使用一个系统，这个系统让它可以通过用带有表示词语符号的键盘（符号字），将基本的句子组合在一起。然后电脑会读

出最终的句子。运用的语言系统叫做"耶基斯语"，它是一种有自己语法的人工语言，为与灵长类动物交流而专门设计的。当被要求在实验中确认物体180次，其中93%的次数，坎济都给出了正确的答案；它正确回答了74%的复杂问题。当被要求"让狗咬蛇"，坎济对物品进行了筛选，并选择了一只玩具狗和一条玩具蛇，然后用它的拇指和食指让狗的嘴靠近蛇，表现出它对要求的清楚和理解。

操作条件反射

动物能通过刺激训练——惩罚或奖励来改变它的行为，这叫做操作条件反射。第一个关于操作条件反射的实验是在19世纪末由爱德华·桑代克（Edward Thorndike）对猫进行的。他发现猫学会重复一种会带来奖励的行为。后来的实验表明，动物能学会避免那些会带来惩罚的行为。大多数与宠物间的交流，实际都是一种或另一种形式的操作条件反射。

鸟类并不是笨蛋

虽然灵长类动物无法用人类语言进行表达，但有些鸟类却可以做到。鹦鹉就是最有名的案例，它们不仅能重复一些词语和短句，还能表现出对其意义的理解。所有会说话的鹦鹉中最著名的就是亚力克斯（Alex），它是由亚利桑那大学的艾琳·佩普伯格博士（Dr Irene Pepperberg）训练的一只灰鹦鹉。亚力克斯能回答问题，还能自发地说一些短语。科学家们对它的智力和沟通能力看法不一，有些人觉得它并没有学到多少东西，而只是条件反射地做出反应。尽管如此，阿历克斯可以自称是唯一一个会提出问题的动物。在学习颜色时，它曾问道："我是什么颜色？"佩普伯格重复了六次"灰色"后，它说"我是灰色的"。这听起来可能微不足道，但它提出问题的能力，而不是对指令做出回应或是回答问题代表了一种完全不同的交流方式。

不幸的是，阿历克斯英年早逝，因此佩普伯格不得不和一只新的鹦鹉重新开始"人与动物交谈"的历程。

第十四章

气候怎么了？

　　无论你喜欢或不喜欢，相信或不相信，地球的气候正在改变，但这并不是什么新鲜事——它其实一直在改变着。

长期回顾

我们描述过去的天气状况，比预测未来的天气状况要容易得多，但回顾过去也是对展望未来一个很好的准备，因为预测源于对过去的结果在形成条件上的观察，然后将当前状况与过去状况相匹配，是一件很复杂的工作。

我们了解了什么？

回顾过去，我们只有几百年的气象记录，仅从气象组织第一次开始收集日常数据开始，对于世界某些地方的详细可靠的记录可以追溯到 100 年前。在此之前，就只有非专业的记录存在，还有日记、信件和编年史中的记载，特别是那些异常或极端天气事件。世界上持续时间最长的气象记录是英格兰中部温度系列，它始于 1659 年，涵盖了从南部到兰开夏的英格兰地区。

降雨和降雪比温度更容易测量，甚至是在温度计出现之前，记

气候和天气不是一回事

天气与短期条件有关：下雨了吗？起雾了吗？起风了吗？气候与长期的天气模式有关：这10年的平均温度比50年前高吗？平均降雨在过去的3个世纪有变化吗？

单独的极端天气并不意味着气候变化，但极端天气模式的变化可能预示着气候的变化。因此百年一遇的洪水并没有什么意义，但如果10年中，有6年都发生了"百年一遇"的洪水，这个意义可能就重大了。

录中经常提及异常寒冷或炎热的天气、干旱、洪水、大风等等。《盖尔爱尔兰编年史》是欧洲最古老的编年史，它记录了很多气象事件，如发生于700年的极端寒流，和892年吹倒树木和建筑物的大风。

当然，除非你有一支刻度一致的温度计，否则测量和记录温度是不可能的。记录天气的第一步就是"测温仪"——现代温度计的前身。它是由意大利科学家于1612年研发的，用这个给患者测量体温。它的设备就是一个装满水的简单玻璃管，和所有非电子温度计一样，工作原理是温度变化引起管子里的空气或液体膨胀或缩小，造成管子里的液体上升或下降。由于它没有任何刻度，所以只算得上一个粗略的温度指示计。

　　第一个带有合适温标的温度计大约是由丹麦天文学家罗伊默（Olaus Roemer）于 1650 年发明的。他的温度计以葡萄酒为液体，并将水的沸点定在 60℃，而冰的熔点定在 7.5℃。难以想象他为什么选择如此奇怪的刻度。后来，科学家丹尼尔·华伦海特（Daniel Fahrenheit）将设计进行改进，以水银替代葡萄酒和水，并将盐水的冰点定在 0℃。根据他的刻度，将 32℃标记为纯水的冰点，212℃标记为沸点。

　　瑞典物理学家安德斯·摄尔修斯（Anders Celsius）研发出一个更为切实可行的系统。对于科学研究来说，这个系统将冰点和沸点之间的温度范围分为 100℃，但摄尔修斯将沸点定为 0℃，冰点定为 100℃。后来，植物学家卡尔·林内乌斯（Carl Linnaeus）将它们颠倒过来，便成了现在普遍使用的刻度标准。

自然记录

如果要看人类以外，大自然为我们保存的气象记录，可以通过观察树木的年轮，确定某一年大致的天气情况。树干的横截面显露出其生长模式，如亮黑色年轮标志着秋或冬和春或夏的生长模式，每个年轮代表树木一年的寿命。年轮的宽度是对这棵树一年生长状况的提示。例如，极度的干旱会让树木产生更窄的年轮，因为它们不能像平时那样生长。因此，包括树木化石在内的年轮记录，为我们回顾 9000 年前世界某些地区（主要是欧

洲和北美洲）的天气状况
提供了指导。

我们回顾过去的自然
物质甚至可以追溯到珊瑚
礁和冰芯。和树木一样，
珊瑚也会长出年轮。这个
记录可能有点难以读取，因为每一个带状的宽度都受水的清澈度、
养分的有效性和气候影响。

为了获取更久以前的证据，科学家们采集了南极冰芯的样本，
这些样本也显示出反映气候、污染和大气中气体含量的年度模式。
重建冰芯证据得来的记录能追溯到 80 万年前，时间长到足以将温
度和二氧化碳浓度与人类社会工业化前的浓度进行比较。如今我
们虽然不能以同样的准确度回顾比 80 万年更久远的以前，但古气
候学家（研究史前气候的科学家们）已经绘制出数千年来的冷热
气候循环图。由于地球轨道的变动，大气层以及太阳本身的变化，
气候在过去的很长一段时间内发生了变化。

人类最感兴趣的实际上不只是过去 5 亿年地球的温度变化，
而是囊括了地球自出现陆地生命以来的温度演变。在这段时间中，
地球产生了冰期和暖期。

冰期

地球经历过至少五个主要冰期。第一个冰期持续了3亿年，从24亿年前到21亿年前。第二个冰期从8亿5000万年前持续到6亿3000万年前，是最严重的一次，冰层蔓延到了赤道，这种现象叫做"雪地地球"，形容冰几乎覆盖了所有的土地时地球看起来的样子。将近2亿年后，冰最终融化之时，地球变得非常温暖。那时，伴随着许多新的多细胞且复杂的动植物的出现，生物突然激增，离开海洋的生物在陆地上栖息，并迅速繁殖，温度上升到比现在大约高15℃。

随后又有两个冰期分别在4亿6000万至4亿2000万年前和3亿6000万至2亿2000万年前。

这两个冰期之后，恐龙崛起了，它们的世界比我们目前的世界温暖得多，在它们1亿6500万年统治的初期，温度要比现在高 10℃，后来虽然骤降到只比现在暖和几个摄氏度，但恐龙灭亡的时候，温度又回升到比现在高 6℃。

在过去的 6500 万年中，气温在 5000 万年前达到高位之后就逐渐下降，直到大约 300 万年前才和现在差不多。但那只是下一个冰期的开始——一个我们将经历的冰期。我们现在感觉气候不像冰期那么冷，那是因为我们处于冰期中的暖期，如果周围的温度升高 14℃，我们很快就会发现差别。

当前的冰期开始于 258 万年前，它的特点是温暖期（如现在）和冰川期（寒冷）以循环模式出现。冰河期初期，温度每 4 万年变化一次，但现在大约每 10 万年变化一次。上次冰川期大约在 1 万年前结束，这表明那一段时间应该相当暖和，只有在 1 万年后才会真正的寒冷。上次冰川期的结束标志着人类开始定居和耕种，而不仅仅是到处流浪、狩猎和聚居。

定义冰期

气象学家将冰河时期定义为一段时期内至少有一个持续的大冰盖。目前北极和南极都有冰盖，但是北极的冰盖在夏季有完全融化的危险。我们还有另一块冰盖——南极——所以它仍将是一个冰期。但它会持续多长时间呢？

变得更加暖和

过去的 40 万年中，温度变化的模式表明，从寒冷期到温暖期是快速上升的，然后急剧地降回到冰期。

当整个时期都保持相对温暖的时候，现在的温暖期不够典型也是有可能的。上一个持续了好几百年的暖期的特点似乎是极端寒冷。如果说整个罗马帝国时期或中国早期的封建王朝处于一个极度寒冷的时期，那我们现在所处的是怎样的时期呢？会回到我们 1600 年来所在的时期吗？或者可能我们根本就没办法存活下来？或者地球会不会回到 7 万年前集中于非洲的人口水平？也许到目前为止，有这样的天气，我们已经非常幸运了。

"随着全球变暖接近并超过 2℃，存在触发非线性引爆元素的风险。例如，南极西部冰原的剥蚀将导致海平面快速上升，或亚马孙雨林大规模枯死，影响生态系统、农业、能源生产和生活。这将进一步加剧 21 世纪的全球变暖，进而影响整个大陆。"

——世界银行，2012

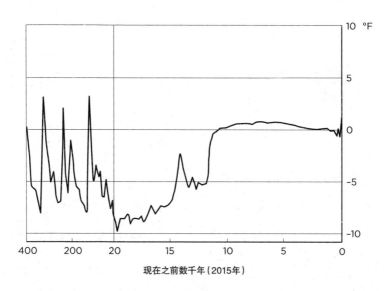

一张展现过去四十万年全球平均温度变化的图表，更详细地显示了过去两万年的变化

　　因此它可能会再保持5万年的温暖，在天气变冷之前会变得暖和很多。无论是否是人类行为引起的，气候都正在发生变化。根据它的发展轨迹，我们可以预计平均温度的上升——距离往昔的冰（暖）期高点还有很远。事实上，我们可以预计它会在某个阶段上比现在高5℃左右。随着人类引发的全球变暖的加剧，它可能会上升得更快更多，不管怎样，它都在上升。

更多或更少的陆地

随着气候变暖和冰层融化，海平面会上升，情况一直如此。当地球处于最冷的时期，海平面比现在低 120 米（390 英尺）。冰中包含了大量的水。如今位于水下的大片陆地在那时是显露出来的。上次冰川期时，人类可以行走在英国和欧洲大陆间被称为"道格岛（doggerland）"的陆地，如今沉没在北海海底（它的名字"道格"——一个由英国海上天气预报命名的区域——被保留了下来，并被水手们熟知）。

即使是几米这样小范围的上升，就足以淹没低洼的岛

道格岛假想图，约 12000 年前，这个岛为英国和欧洲其他部分间提供了大陆桥

屿，包括威尼斯、纽约和香港在内的城市将面临洪水的威胁。不管怎样，这一切就要发生，唯一的问题就是在 100 年还是 15000 年后发生，我们是否有时间应对。

天气?

我们要担心的不仅仅是洪水。气候变暖会带来不同的天气模式，更多的极端天气，以及不同形式的风和洋流。世界上已经有许多地区的天气模式正发生着变化。有些地方的夏天更热，或是有更严重和更频繁的暴风雪，或是有多雨的冬天。

天气是一个极其复杂的系统，不仅受陆地、空气和海洋的影响，而且还受洋流、太阳活动、风型等诸多因素的左右。从森林到露天的耕地，或城市的土地使用的变化也会影响天气。陆地上风和云的运动方式，以及地表水的蒸发都在发生变化，从而促成了天气影响因素间的复杂交换。

天气系统很混乱，但这并不意味着没有秩序，只是秩序显得复杂，即使一个条件的细微变化也会产生很大的影响。也会有许多反馈机制，其中一个因素的变化而引起的其他变化，会反馈到

循环中去，从而改变其他条件和结果。

因此，即使在气候相对稳定的时候或较短时期内，天气预报也是非常难且不可靠的，预测较长时期内的天气还存在很多问题。

所有的变化？

纵观地球整个历史，动植物必须适应环境的变化。适应最快和最成功的物种将会生存下来，而那些无法适应的物种通常都会灭绝。

自然世界并不会区分是人类活动带来的，还是自然事件引起的环境变化。某些种类的动物已经进化到能对来自人类的压力做出反应。过去的几十年里，这些变化发生得非常快，有些植物和动物很好地适应了气候的变化，至少在短期内是这样的。如果温度恢复到很久以前的水平，那么自然世界未来可能看起来非常不同。许多现存的物种也许能适应温度上升几摄氏度的环境，但有些物种将会灭亡，而新的物种将会产生。

与我们无关

无论人类的前景如何，地球上的生物大体上都生存了下来，并适应了多变的气候。当环保主义者谈论"拯救地球"时，他们并不是想表达字面上的意思，他们的意思是拯救我们自己，以及事物的现状，也就是说，以对人类友好的方式保护地球。如果气候变化很大，我们可能不会存在于地球上，但会有其他形式的生命存在。那么天气呢？它将随着气候的变化而改变，但就下个月或明年的天气而言，这仍然只是大多数人的猜测。

北极熊：气候变化下的牛郎和织女

　　北极熊依靠海冰和海豹生存。随着海洋变暖，海冰融化，北极熊捕猎海豹变得更加困难。生活在冷海中的海豹为了寻找较冷的水和摆脱北极熊而向北移动。或许北极熊能适应吃不同于目前的食物，或将它们的冰上捕猎行为改变为主要在陆地上捕食。

　　有些北极熊向南移动，而不是北方，这和灰熊密切相关。这一变化最后会导致北极熊的灭绝，但这是北极熊这一物种慢慢进化成另一物种，而不是北极熊的大规模死亡。

　　这就是物种一直是在改变和进化的原因。没有人能判断北极熊是否会成为气候变化的受害者，或者适应这个更温暖的世界。

第十五章

抗生素时代就此结束了吗?

很多媒体担心超级细菌对抗生素产生抗药性,这其中到底出了什么问题?

黑暗的过去

在 20 世纪以前是没有抗生素这种药物的，人们使用一些有抗菌效果的草药，有些已经使用了好几个世纪，但没有什么能像我们现在使用的抗生素一样有着强大的效果。

虽然我们的身体有一个防止感染的免疫系统，但许多疾病已经发展到能战胜身体的防御机制。当发生这种情况时，免疫系统可能会被灾难性地压垮。过去死于细菌性疾病或伤口感染的人们，现代的抗生素很容易就能将他们治愈。

苔藓和蜂蜜

蜂蜜和有些苔藓具有抗菌特性，数千年来都被用来处理伤口。蜂蜜之所以有用是因为它能封闭伤口，杀死那些需要空气的细菌，而且它的高含糖量会让细菌细胞萎缩。有些苔藓含有强大的天然抗菌物质。甚至是在第一次世界大战时，用苔藓包扎伤口的士兵发现它不仅非常吸水（有利于吸血），而且还能防止伤口感染。

特效药

第一种现代抗生素是亚历山大·弗莱明（Alexander Fleming）
（1881—1979）于1928年发现的青霉素。它的发现纯属偶然，亚
历山大去度假时，留下的一堆未经刷洗的玻璃板上长了细菌培养
物。他回来后，发现有些物质将盘子上的细菌清理掉了。

研究表明，青霉素会产生一种对弗莱明所培育的葡萄球菌有
毒的化学物质。弗莱明后来转向了其他研究，但在1941年，两位
药理学家，澳大利亚的霍华德·弗洛里（Howard Florey）（1898—
1968）和德国的钱恩（Ernst Chain）
（1906—1979）将弗莱明的青霉提取到
可用的药物中，也就是我们现在所知道
的青霉素。第二次世界大战期间，它挽
救了许多战士的生命，否则他们会死于
伤口感染。

这个让弗莱明、弗洛里和钱恩获
得诺贝尔医学奖的研究成果，挽救了

亚历山大·弗莱明

8200 万人的生命。

青霉素之后，越来越多的抗
生素随之出现。每种抗生素只能
对抗特定范围内由特定细菌引起
的感染，所以科学家们不断寻找
新的抗生素。它们似乎是一种特
效药，突然之间，许多以前致命的感染都可以治愈了。令人惊讶
的是，仅仅出现于 20 世纪中叶的抗生素，现在已如此常见，许多
能回忆起没有抗生素的时代的人直到今天还健在。

太好了？

抗生素似乎好得令人难以置信，也许它就是这样的。但没过
多久，弗莱明培养的葡萄球菌就不再对青霉素有反应。细菌进化
得非常快，它们的生命周期很短，能在短期内繁衍出大量的后代，
以减少产生有用的突变基因的时间，这些变异有助于它们应对挑
战或环境的变化，它们也能与其他细菌交换有益的突变基因。因
此，任何让细菌抵抗抗生素的突变基因，都会迅速扩散到其他细

菌。对葡萄球菌来说，它的挑战就是青霉素。

当葡萄球菌对青霉免疫时，就给医学敲响了警钟——但是它并未受到重视。

抗生素的使用急剧增加，它们不仅用来治疗人类的感染，还给家畜使用。当农夫们发现给牛喂抗生素会加快其生长速度，于是他们不管动物是否生病，开始大规模地给牲畜喂抗生素。

人类本身也过分地使用抗生素，他们习惯性地认为抗生素就是灵丹妙药，并向分发它们的医生索要——即使它们对病毒感染毫无效果。当人们无法完成一个疗程的抗生素治疗，摄入不必要的抗生素，或不知不觉地摄入存在于肉类或牛奶中小剂量的抗生素时，抗生素所针对的细菌就有机会对它们产生抗体。

过量服用抗生素

在美国，出售的抗生素中有 80% 是给牲畜使用的。给动物喂抗生素意味着，即使它们处于不卫生、拥挤的环境中，农夫们也不必担心它们会生病和传染疾病，这是他们省钱的一种办法——但这可能对我们其他人来说非常昂贵，如果这意味着越来越多的抗生素无法治疗人类的疾病。

错误的反击

所谓的超级细菌如葡萄球菌兴起于 20 世纪 90 年代。MRSA 代表耐甲氧西林金黄色葡萄球菌——一株弗莱明培育的细菌。甲氧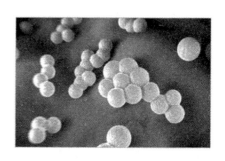西林是最后一种抗生素，用于治疗对其他所有抗生素有抗性的细菌。因此，当对甲氧西林有抗性的菌株出现时，这对医生来说是个大问题。提高医院的卫生水平在抗击感染方面还有很长的路要走，日常生活中的清洁卫生可能也将变得更加重要。当感染出现，如果我们无法抵抗，那最好让它一开始就不要出现。

一场失败的战争

只有最后的一点抗生素可以治疗那些对常规抗生素有抗性的

超级细菌。但是现在，即使是这一点抗生素也正在变得无效，许多医学研究人员认为，我们将看到抗生素时代的终结。2009 年，科学家发现了一种名为 NDM1 的酶，它使得细菌最终能对所有的抗生素产生抗性。这种酶的基因

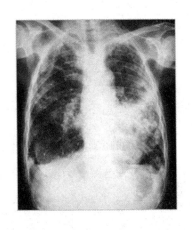

编码很容易在不同种类的细菌间传递，所以抗性得到了共享。它已经在印度广泛传播，并被游客，特别是医疗旅游者——那些特地为了获得治疗的人传播得更远。性传播疾病——淋病在那些耐抗生素菌株流转的地区是无法治愈的。抗药性药结核病也在增加，特别是在俄罗斯。

不仅仅是细菌

抗药性细菌是更大的问题中的一部分，目前，许多微生物对抗菌药物的抵抗力也越来越强，其中包括治疗真菌感染、寄生虫病（如疟疾）和病毒感染（包括艾滋病毒）的药物。

下一种武器在哪里

在后抗生素时代，全世界范围内还没有真正的医学计划寻找更多的抗生素，我们也许有一些喘息的时间，但很快细菌又会对那些抗生素产生耐药性。不过，目前有一种可能对付它们的办法——用它们自己的药来使它们生病。

细菌可以像任何其他生物一样受到感染，它们可以被一种叫做巨噬细胞或"噬菌体"的病毒感染。像其他病毒一样，噬菌体进入细胞，繁殖，然后爆裂，破坏细胞并扩散到其他细胞中。经过特殊选择的噬菌体，攻击细菌可能能治疗一些细菌感染。另一种可能性就是使用溶素，这是一种当它们准备逃跑时，噬菌体产

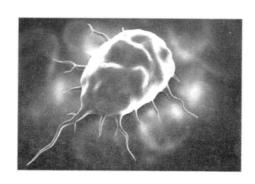

生的一种能穿过细胞壁的酶。溶素在细胞外部的应用似乎也会破坏它。但是，确保只有有害细胞受到攻击，组成身体或对我

们有益的细胞完好无损，这一点很重要。

要让抗生素治疗不再是主流选择，还有很长的路要走。同时，为了让抗生素尽可能长时间地发挥作用，每个人都需要仔细和谨慎地使用抗生素。在我们耗尽上一个有用的抗生素的功效之前，需要花费时间寻找下一种对付细菌的灵丹妙药。

第十六章

干细胞是未来医学的方向吗?

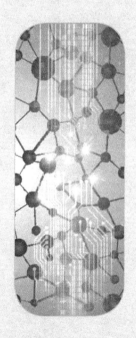

有许多关于干细胞如何帮助治疗多种类型疾病的讨论，但事实又是怎样的呢?

干细胞来源于什么

干细胞的名字来自其他类型细胞都源于它的这个事实：它们有变成不同类型细胞的潜能。这种能使早期胚胎分化为各种类型细胞的细胞，叫做多能干细胞（PSCs）。当然在胚胎发育后期，干细胞能形成的细胞种类越来越有限。

出生之后我们体内仍然存在干细胞，但它们是不一样的，甚至潜能也少一点。例如，皮肤深层有能变成各种皮肤细胞的干细胞，但它们不能形成血细胞。骨髓中有能变成不同类型血细胞的干细胞，但它们不能形成皮肤细胞。干细胞作用之大，修复受损组织，生长和替代定期更新的组织都需要它。如肠黏膜。

有望成功

干细胞被称为修复受损身体，治疗疾病，甚至培育新组织或器官的方式。

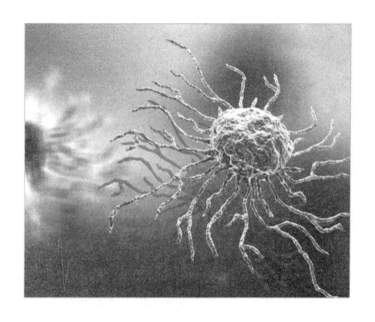

目前，干细胞用于治疗某些癌症、血液病和免疫缺陷。它们最成功的应用是在孩子们身上。而发现干细胞新用途的研究还在继续，它们可以用于为病人产生健康的血细胞，这些病人自身的细胞由于癌症治疗受损，需要进行修复。

它们也可以用于新药的筛选和测试，产生可以随意操纵和破坏的组织。细胞水平检测是药品检验的重要阶段，例如，干细胞可以触发产生肝细胞，用于测试治疗肝脏疾病的新药。实验室中的肝细胞会与身体中的肝细胞表现一致，所以在对病人进行试验前，研究人员可以直接且安全地测试新药对肝细胞的影响。

从一个细胞开始

大多数动物和植物都始于叫做卵细胞的单细胞。卵细胞一次又一次分裂，产生了更多的细胞。一段时间后，细胞们开始承担特殊的作用（为了区分开来），发展成胚胎的不同部分。最初的细胞能转化成生物需要的任何类型的细胞。

细胞如何"知道"自己该长成哪种类型细胞的过程十分复杂，目前的科学研究尚未完全弄清楚。它们的蜕变主要是由胚胎中释放的化学物质所控制。细胞从 DNA 接收指令，它所组成的长链形叫做染色体。DNA 控制着所有有生命的生物，从荨麻到鼩鼱。

人类身体里的 DNA 有一个完整的计划，为一系列染色体上的基因进行编码。基因可以被"表达"，这意味着它们能开启并对细胞功能产生影响，或"被压制"，被关闭并且没有任何效果。通过在适当的时间，合适的细胞中表达正确的基因，身体便会生长并且功能正常。骨骼在应该有骨骼的地方生长，当它们完整时生长便会停止；肺在应该有肺的地方生长。基因会告诉细胞它应该长成哪一种类型的细胞。

不是很新

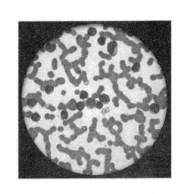

数十年来，我们通过骨髓移植
的方式，利用干细胞治疗白血病，
骨髓中产生新的血细胞并释放到血液中。当病人自身新的血细胞
供应出现问题，就像白血病一样，基因匹配的骨髓移植可以通过
供应新的干细胞，在人体内产生健康的血细胞来改善这种情况。

在骨髓移植之前，病人自身的白细胞必须被杀死。白细胞是
人类免疫系统的关键，病人没有免疫系统，在产生好的、新的血
细胞之前，就有一段短暂的危险时期——身体对感染没有抵抗力。

研究干细胞

干细胞似乎拥有知道需要做什么的能力，然后去做。如果将
它们引入一个需要紧急修复的身体，它们会直接产生作用，并产
生需要的细胞类型——检测出损伤，并预先修复好。

了解你的干细胞

　　干细胞有不同的类型。它们的名称与它们的功能、被发现的地方或找到它们的途径有关。有一些重叠部分：

· 多能干细胞是最有用的。它们最早
　发现于胚胎中（见右图），并能产
　生各种类型的细胞(来自同一生物)。
　因此多能干细胞可以用来产生血液、
　骨骼、神经细胞、肺组织、肌肉、
　皮肤等。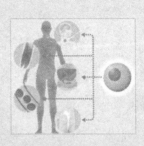

· 造血干细胞是血干细胞。它们存在于骨髓中，并能生长成人体各
　种不同类型的血细胞，可以用来治疗血液病。

· 胚胎干细胞来自胚胎。为了长成体内各种不同类型的细胞，受精
　卵的单个细胞必须迅速繁殖，因此那些早期胚胎细胞是多功能
　的——它们可以长成任何东西。自1998年以来，科学家可以从
　样本中培育出更多的胚胎干细胞。

· 脐带血干细胞是婴儿出生时从脐带中取出的，取出时不会伤害到
　孩子，这是造血细胞。

· 成体干细胞出现在成人和儿童身上。它们具有组织特异性，并且
　能转化的细胞类型也有限。例如，皮肤干细胞可以产生构建皮肤
　需要的不同类型的细胞，与取自骨髓的造血干细胞相比，它们更
　难找到和提取。

· 诱导多能干细胞是来自成人（或孩子）的细胞，并能回到在实验室
　中的多能性状态，将它们恢复到多能性细胞的技术出现于2006年。

培育干细胞的基本要素

多能干细胞取自受精后十四天的早期胚胎。在这个阶段，胚胎还只是个胚泡，一个一端有着一<u>丛</u>干细胞的、几乎空心的球状细胞。

胚胎干细胞有两个来源。最初，它们是从生育治疗产生的胚胎中提取的，但一对夫妇需要的还会有剩余。通常情况下，体外受精（IVF）包括从潜在的母亲那里取几个卵子受精，然后将一小部分放回到女性的身体中孕育。这样通常会产生比夫妻需求更多

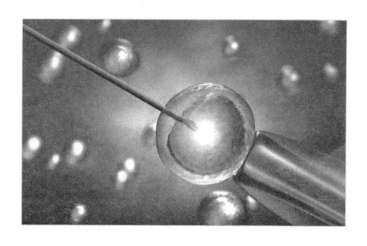

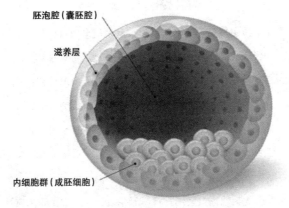

胚泡

胚泡腔（囊胚腔）

滋养层

内细胞群（成胚细胞）

的受精卵，有些可能会被冷冻并为以后的怀孕储存起来，但一般仍有剩余，这些受精卵可能会捐赠给干细胞研究项目。

在最近的研究中，科学家们已经发现了如何混合胚胎。这些胚胎是由来自人类细胞（几乎是任何类型）的细胞核和来自另一个哺乳动物的卵细胞结合而成。含有 DNA 的细胞核已从卵细胞去除，取而代之的是人类细胞的细胞核。科学家们用电流刺激细胞，使它开始分裂，培育的细胞 99.9% 的概率是人类的，但这些细胞都是从一个单一的皮肤细胞或其他普通细胞生长而来。因为植入混合胚胎是违法的，它们永远不可能长成一个婴儿。

一旦受精卵达到胚泡阶段，就会去除干细胞，并放在培养基里培育。它们迅速繁殖，为研究和治疗提供大量的多能干细胞。

对还是错？

胚胎干细胞的使用深陷道德困境，引发了诸多争议。目前人类胚胎干细胞只能从人类胚胎中获取，并且这个过程需要破坏胚胎。虽然使用的胚胎是 IVF 周期的剩余胚胎，但有些人反对使用那些本能长成婴儿的胚胎。这些胚胎的父母也不想植入，因为他们的家庭是完整的，如果不用于医学和研究，很难知道这些胚胎还能做什么。

使用脐带血细胞的伦理问题较少。这种血液对母亲或婴儿都是无害的，否则会造成临床上的浪费。有些人想储存脐带血，以备他们的孩子或其家庭其他成员使用。但一般来说，家里很少有人需要它（除非已经有一个已知的遗传条件可以从治疗中获益）。大多数情况下，储存脐带血中的干细胞供个人使用是不必要的，也显得过于谨慎。许多拥有提取和储存脐带血设备的医院提倡父母将其捐给脐带血银行，而不是以备个人使用去付费储存。如果有需要，以后他们的家人将拥有优先配对的权利，即便没有使用，他们还可以得到自己的脐带血。

使用来自混合胚胎的干细胞引发了不同的道德问题。有些人反对将人类 DNA 引入其他动物卵中产生混合物种，即使细胞核和它所包含的 DNA 已从卵细胞中去除，即便胚胎无论如何都不能发育成熟，但他们还是认为它不应该被创造出来。

被认为恢复多能性的成人细胞，是争议最少的干细胞使用的组成形式。

第三种方法是从成人（或儿童）身上提取细胞，并将细胞恢复到多能状态，即将时间倒回到它之前的状态。这些细胞被称为iPS细胞或诱导性多能干细胞。人类诱导性多能干细胞第一次出现是在2007年，细胞们通过使用病毒引入化学信息来进行修复，需要更多的研究来检查它们是否安全，但它们能够培育成不同类型的细胞。如果发现它们是安全的，那么使用修复细胞进行治疗或研究会获得很多益处。因为没有胚胎，也就没有伦理问题，并且原始细胞可以从病人自己身上提取，这样就不会有排斥组织生长的问题。

新的希望

干细胞的持续研究表明，它们可能有助于治疗某些细胞遭到损毁的疾病。与这些相关的一个罪魁祸首就是身体自身的免疫系统。在如类风湿关节炎等情况下，免疫细胞会产生

从实验室的低温箱中回收存储的干细胞产品

你想要薯条配干细胞熊猫汉堡吗？

正如干细胞可以用来培育组织进行治疗或测试一样，它们也可以用来培育肌肉组织以供食用。第一个实验室培养的牛肉汉堡包在2011年问世。这个汉堡的成本约是21万5000英镑，但它证明了一个重要的概念：汉堡是由从牛身上提取的肌肉干细胞培育而成的，然后长成肌肉组织，通过伸展运动来进行人工锻炼，然后和其他部分一起切碎。培育这个细胞很容易，但是达到实验室培育出的牛肉的质地很难，将它做成汉堡就至少避免了一些问题。位于马斯特里赫特大学的团队，开发的第一个汉堡是用老鼠肉制成的。这个现象的潜力是无限的：我们可以生产出不伤害原始动物的老虎汉堡、熊猫汉堡或海豹汉堡。

错误的想法并攻击关节。干细胞治疗可能需要去除病人的免疫细胞（白细胞），并用一些不会攻击身体的细胞来代替它们。此外还有几种可能，例如，修复黄斑病变后导致失明的眼部组织，或者通过恢复脑组织来治疗帕金森症或阿尔茨海默氏症。当然，这些最有潜力的治疗方式还有很长一段路要走。

干细胞可能用来建造替代组织或器官以供今后移植。科学家们甚至可以建造一个充满干细胞的"脚手架"——一个器官的基本结构，然后触发干细胞产生合适类型的体细胞。目前，人工膀胱已经以这种方式被创制出来。

在未来，人们也许可以依靠干细胞，使用基因治疗解决一些遗传问题。在这种情况下，干细胞会从病人身上移除，体内的错误基因得到修复，然后重新引入干细胞，使它们形成健康的细胞。

另一种可能性就是，干细胞可以直接携带毒素，为癌变组织杀死癌细胞。还有一种理论认为，由于耗尽了所有健康的干细胞，人类的身体才会随着年龄的增长而衰退，不能再生受损或老化的组织，所以可以使用新的、健康的干细胞来逆转或延缓人类的衰老。

全速前进？

尽管这是明显能改变命运的治疗方法，但科学家们仍必须对干细胞的发展保持谨慎。人类对干细胞运作的规律还不是很了解：不清楚具体怎么去区分它们，或决定增加多少数量。有些科学家担心细胞分离失控时，进入超速状态的干细胞也可能会导致癌症的出现。

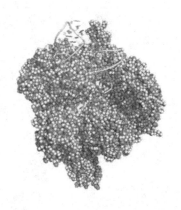

第十七章

毛毛虫是如何变成蝴蝶的？

一只毛毛虫裹成蛹，几星期之后破壳而出，然后一只蝴蝶就诞生了。这是怎么回事？蛹里面发生了什么？

一切都变了

　　某些动物可以在我们眼前完全改变，或者说它可以将自己的幼体藏在茧里，不在我们眼前出现。这是自然界的奇迹之一，许多种昆虫都经历了这个变化。在青蛙身上，我们可以知道发生了什么，因为这全都是公开的事情：它们长出腿，尾巴缩短，鳃部萎缩和肺部发育。但发生在茧里面的情况，我们却无从知晓，这叫做完全变态。

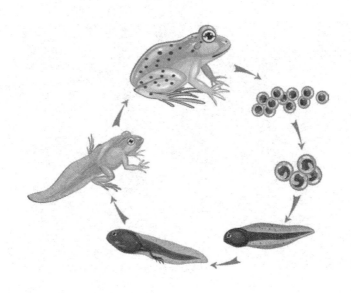

昆虫阶段

　　昆虫的生命始于卵，然后孵化成幼虫、蛆或毛虫，这是昆虫幼虫生命的历程。幼虫取食并生长，直到它们到达下一生长阶段：化蛹。这时它们分泌一种液态蛋白质，在空气中硬化成纤维状态，成为一个幼虫可以进入的茧。茧可软可硬，主要取决于昆虫种类，有些茧纤维被称为丝绸，可以制成纺织品。

　　昆虫在结茧期间非常脆弱，因为它不能移动，所以最好的防

御就是隐藏，这是它唯一防御外界的办法，除非茧很硬，或者昆虫本身对捕食者来说有毒。蝴蝶和飞蛾常常在某个看不见的地方吐丝结茧，例如粘在树叶的下面，或悬挂在屋檐上。苍蝇则选择黑暗的裂缝和角落，还有一些昆虫甚至将茧埋在地下。

几个星期，或有时是几个月之后，另一种形式的昆虫从茧中出现，它可能咬穿或者产生一种使茧软化的化学物质，以便它能从桎梏中挤出生路。

从里到外

一旦幼虫织茧，它就被我们称为蛹，有趣的事情开始在蛹里发生。首先，幼虫体内的消化酶会消化掉食物，继而从内到外消化它的身体。在某个时间，切开这个蛹将只能看到无明显身体结构或部分的，糊状的毛虫汁液。生物学上的奇迹是，这种糊可以转变成一只完整而复杂的昆虫。这种现象只发生于昆虫，而从未出现在脊椎动物身上。

变得有组织

事实上，毛虫的筹备工作甚至在还没有从卵中孵化出来就开始了。在那个阶段，它们的体内形成了叫做成虫盘的细胞团，那是高度组织化的细胞群，可用于研究成年昆虫的具体结构。成虫盘能发育成眼睛、嘴、翅膀、腿等部分。在许多种昆虫中，发育成翅膀的成虫盘在整个幼虫期都保持休眠状态，但有些物种很早就发育出来了，这意味着有些类型的毛虫和其他蛆类已经形成残翅，当然这些变化是发生在它们身体内部，我们从外部是观察不到的。

泥土记忆

2008 年一项关于飞蛾幼虫的研究发现，那些在幼虫时期就被训练躲避特定气味的飞蛾，它们成年后还保留着记忆。在这项实验中，当产生某种气味时，科学家就对毛毛虫释放微弱电流，很快它就学会了躲避，远离实验仪器中的这种气味。蜕变后，成年的飞蛾也会躲避这种气味。这表明一部分中枢神经系统溶解于毛虫的汁液中并重建了。

最后的变形

　　一旦幼虫化蛹，消化酶会分解大部分或全部的蛹体细胞，除成虫盘和已经成型的东西以外（在有些物种中，有些肌肉和其他组织也保留在最终的昆虫身体中）。然后成虫盘使用蛹中所有的毛虫"汁液"来形成蝴蝶（或者是任何其他即将要出生的昆虫）的器官和组织所需要的细胞。蛹中有足够的物质完成这个——它只需要完全重组。所以，只有 50 个细胞的成虫盘可能在几周内增加 1000 倍，以形成一对完整的翅膀。

第十八章

怎么开车最省钱？

　　你可能认为车跑得越快，消耗的燃料就越多，但并不是这么简单。

任何一个每天都遇到交通堵塞的人都知道，汽车速度慢需要耗费大量的燃料，但这是为什么呢？

一切取决于汽车发动机的工作量和效率。

汽车和蛋糕

汽车的发动机就像人体一样，使用能量来运行。我们的身体以食物为燃料，当我们需要做什么事的时候，不管是呼吸、疗伤，还是长指甲或跑着追赶公交车，都会打破分子间的键来释放能量。

汽车发动机的原理和人体的运动完全一样，同样通过打破分子中的键释放它所需的能量，让发动机、曲轴、驱动轴和车轴转动，推动汽车沿着道路行驶。功是用牛顿米或焦耳测量的（它们是一样的东西——一焦耳就是 1 牛顿的力移动 1 米所需的能量）。我们可能更习惯于用卡路里来衡量食物所含的能量。1 卡路里是将 1 克水温度升高 1 摄氏度所需的能量，这相当于 4.2 焦耳的能量。人们从食物中获得能量，而汽车通常从石油或柴油等燃料中获取。

能量、功和力

让汽车沿着道路移动需要能量，而能量是通过施加一个能让物体移动的力来消耗。想象一下，车是静止的，我们要推动它，显然必须用力。力的单位是牛顿（N），1牛顿就是一个以每秒1米的加速度移动1千克质量的力。这意味着第一个牛顿力是用来让物体从静止到每秒一米的速度移动，而第二个牛顿力让它加速到每秒2米。显然，这不是多么大的力量，所以我们通常用千牛（KN）来衡量。

如果我们要推动重达一吨的汽车，会发现它非常的沉，但它一旦开始移动，就不需要用力再推。这是因为，最困难的事情是必须用最大的力量推动物体，而不是让它处于移动状态。

要让它从零（静止）加速到某个速度（移动）；从静止到以每秒1米的速度开始移动需要 1000 牛顿（1 牛顿对应汽车 1 千克）。

一些定律（不是交通规则）

要计算出汽车所消耗燃料的多少，有两条很重要的定律。第一个是艾萨克·牛顿运动第二定律：

$$F=m \times a$$

（牛顿力 = 以千克计的质量 × 以米每秒平方计的加速度。）

另一个是热力学第一定律，常被认为是能量守恒定律。它指出，能量既不能被创造，也不能被破坏，但它的形式可以改变，例如，从热到功（如机械能）或是从功到热。

燃料中含有的能量是化学能。当燃料燃烧时，化学键被破坏，然后释放能量。燃料中释放出的能量，在汽车中转换成其他形式的能量，但这些能量并不是全部用来移动汽车，它被转换为机械能来驱动汽车，热只是一个副产品。

摩擦的问题

还有另一条相关的定律，就是牛顿第一定律：

"任何物体都要保持匀速直线运动或静止状态，直到外力迫使它改变运动状态为止。"

这意味着，如果我们想让运动的物体静止，除非有什么东西阻止它，否则它会始终处于运动中。在外太空，运动中的一艘宇宙飞船将无限期地继续飞行，因为几乎没有作用于它的力，阻止或改变它的路径，除非它在某些恒星、地球或其他天体的引力场中迷失。地球上的物体也是如此，因为总有物质与运动物体接触，不管是空气、水还是地面（或这些东西的组合）。这意味着物体和物体之间总是有摩擦拖拽时能感受到与空气或水的摩擦阻力。

行驶的汽车会受到空气的阻力和路面与轮胎之间的摩擦力。对汽车来说，它需要同时克服这两种力的作用。

当轮胎完全光滑，路面也非常光滑，摩擦力才会更小。但我们需要摩擦力，因为它能使汽车更好地抓地。光滑的轮胎在结冰路面上只有一点点摩擦力，众所周知，这是非常危险的。所以我

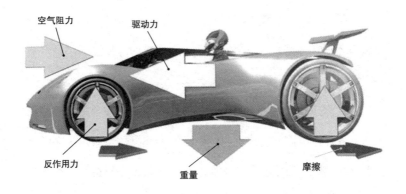

空气阻力　驱动力

反作用力　重量　摩擦

们无法摆脱摩擦，即使这意味着汽车必须消耗更多的功，也意味着它需要更多的燃料。

发动机的各部分之间也有摩擦，所以我们用润滑油润滑接触的各个部件，从而减少摩擦，使汽车保持良好的润滑状态，减少整体消耗的能量。这反过来就降低了相同距离下汽车需要消耗的燃油量。

想象一下，当不需要担心摩擦的时候，我们的汽车可以像宇宙飞船在太空中一样在道路上滑行。一旦汽车行驶起来，就没有什么能阻止它，所以它不需要燃料，只有在使它以我们想要的速度运动时才需要燃料。

我们回到运动第二定律：

$$F=m \times a$$

很明显，我们想跑得更快，就会消耗更多的燃料，因为 F（力）只随着 a（加速度）而增加。一旦达到理想的速度，它不需要更多的燃料就能保持运动状态。

但我们并没有生活在那个世界里，在这个不完美的、有摩擦力的世界，汽车需要燃烧燃料达到所需的速度，然后用更多的燃料来继续前进，与发动机、路面摩擦力和阻力做对抗，这就是计算变得困难的原因。

事实上，发动机内部的运动效率是关键。最省钱的行驶方式实际上不是取决于速度，而在于发动机状态。对于大多数汽车来说，汽油发动机转速达到 2500 转（柴油机 2000 转）就能获得最省钱驾驶的状态。而缓慢地加速和减速也很重要——不管我们是快速加速，或因为传动装置太低级，加速发动机都需要燃烧大量的燃料。

因此最好的速度是

总的来说，汽车最省钱的巡航速度约为每小时 88 千米，在低速和高速时，燃料的效率都会迅速下降。

《WHATCAR》汽车杂志的研究表明，汽车以 128 千米每小

光帆

从等式中去除摩擦力，牛顿第一运动定律可以（至少在理论上）用光帆证明。这个想法是，宇宙飞船可以像游艇一样在宇宙中航行。当来自太阳光（或另一颗星）的光子撞击船帆，它们与风的作用相同，让飞船移动。因为没有什么可以阻止它移动，它只需要光子轻微的一点压力就能自由航行。

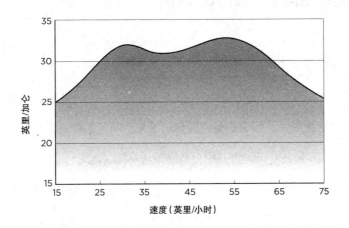

时的速度行驶比 112 千米每小时的速度要多消耗 25% 的燃料。高速行驶时，空气阻力急剧增大，所以汽车需要使用更多的燃料来保持速度。推动物体通过流体（包括空气）所需的能量，随着速度的立方而增加。如果我们使速度增加一倍，抵消空气阻力所需的力就会增加八倍。当然，速度增加一倍也意味着行驶时间减半，

功率是做功的速率，所以总功率是随时间变化的。因此速度增加一倍，克服空气阻力的功增加了八倍，但时间减少了一半，所需的总功率增加了四倍。考虑到空气阻力，以160千米每小时的速度行驶时，燃料消耗量是80千米每小时消耗量的两倍。

我们能相信生产商的说法吗？

简而言之，不能。官方的油耗数字并不是基于真实道路上的典型情况下驾驶的试验。试驾不涉及不良路面、转向危险、在交通信号灯处加速，或为避免碰撞突然刹车。相反，稳重、理智的人在真实空旷的环形道上开车会缓慢加速和控制制动。

2014年，通过对500辆汽车的测试发现，它们平均燃油消耗量大于厂商宣传的数字，每公升千米数比厂家宣称的要少18%。对于那些对新车耗油量感到失望的人来说，这一点已经不足为奇了。更令人惊讶的是，小型汽车的燃油燃烧效率是其中最差的。

发动机尺寸	自称千米/公升	实际千米/公升	差额%
1升	97.04千米/公升	62.12千米/公升	36%
1—2升	95.11千米/公升	75.15千米/公升	21%
2—3升	83.68千米/公升	72.42千米/公升	15%

如表格所示，在真正的燃油燃烧效率方面，驾驶 1 升到 2 升发动机的汽车，比 1 升以下或 2 升以上发动机的汽车更好。

超级燃料有那么好吗？

我们可以用基本无铅汽油或超级无铅汽油，或者在某些地方用更加超级的燃料给我们的汽车加油。那么这其中有差别吗？

用辛烷值（RON）研究评估的燃料与在点火前能压缩多少燃料有关，高性能燃料具有很高的辛烷值。

基本无铅燃料的辛烷值为 95，而超级无铅汽油的辛烷值是 98，这听起来不像是有多大的差别，而顶级燃料的辛烷值是 102。理论上来说，辛烷值越高，意味着燃料数量相同的情况下，汽车能获得的能量就越多——更多的千米数和速度。但实际上，我们不可能对大多数汽车进行性能的改良以降低额外的成本。

超级无铅燃料最有可能给难驾驶且速度快的高性能汽车带来好处。涡轮增压和机械增压发动机运行能比普通发动机在更高的温度和压力下运行，而且能最大限度地利用高辛烷值燃料。它们也更容易受到"爆震"的影响，导致未点燃的燃料在错误的地方

降低你的燃料消耗

为了节省燃料、节约金钱和保护地球，可以用这几种方法来减少汽车的消耗：

· 降低重量：不是你的重量，虽然那可能有点帮助。在等式 $F=m \times a$ 中，m 为质量；增大的质量增加了移动汽车所需的力。不要携带你不需要的重量，因此不要将你不打算用的东西留在车里——如果你没有孩子，就不要带着婴儿车；如果不是冬天，就不要带着雪铲。

· 减少阻力：去掉那些突出并破坏汽车流线型外形的东西——因此没有车顶行李架或自行车——除非你真的要用。

· 保持你的车辆健康：经常检修你的车，使其尽可能好地运行——保持轮胎气充足，所有一切都很顺畅，减少运行时发动机的工作。

· 天气炎热时，至少在低速情况下，关掉空调，打开一扇窗户。但在高速情况下，打开窗户增加的阻力会抵消这个作用，所以你也可以打开空调。

点火，并可能损坏发动机部件。因为高辛烷值燃料不可能产生爆震，所以它们可以保护超级发动机。

燃料供应商认为，超级燃料中还含有助于保护发动机的特殊成分，使其运行更顺畅。当然，特殊成分是一个秘方，因此也就无法判断这个说法的可信度。

如何解决

你获得正确的里程数了吗？以下是判断的方法：

超级燃料里程		
正常里程	=	

超级燃料成本		
正常成本	=	

示例：

里程：

40 英里 / 加仑		
35 英里 / 加仑	=	1.14

超级燃料里程是 114% 的正常里程。

成本：

£1.30 21,3 英镑		
£1.20 1.2 英镑	=	1.08%

因此，超级燃料成本是正常燃料的 108%。当驾驶者以多 8% 的成本，获得一个多 14% 的里程数，那超级燃料就是值得购买的。

总的来说，如果我们拥有一辆高规格、强大的并带有涡轮增压发动机的汽车，可能会获得与超级燃料相当的价值。如果我们需要跑来跑去，然后大部分行程都很短，而且交通拥塞，那超级燃料就是在浪费钱。如果想试一试，可以把油箱加满，标记出三次或四次获得的平均数，再与我们平常每加仑汽油的英里数进行比较，就能将价格差异按百分比计算出来。

第十九章

山上为什么会有贝壳化石？

当你在花园挖洞时，很可能会在许多地方发现奇形怪状的化石碎片。有时在远离海洋的地方却能发现海洋生物化石。

大量化石

地球上曾经活着的物种中大约有 99.9999% 已经灭绝。死去的生物要比活着的多几十亿倍。这些生物中只有一小部分形成了化石，但现今我们仍然发现了大量化石。而大多数化石也不是恐龙那样高大而有气势的生物，而是很小的，甚至是显微镜下才能看到的植物、海洋生物和昆虫等。巨大的矿床上散列着许多壮观的化石，但更为常见的是小一点的和单个的化石。

大海不再是过去的样子了

和动物、植物会随着时间而改变一样，陆地和海洋发生了变化，气候也是如此。在遥远的内陆发现海洋生物化石并不罕见，因为它们很久以前生活过的海岸或海底现在已经是陆地。

第一条线索是，当人们意识到大陆不可能永远停留在同一个地方时，非洲西海岸已经整齐地与南北美洲的大西洋海岸紧靠在

化石是怎样形成的

化石有不同的类型，最著名的是我们在博物馆里看到的化石，例如巨大的恐龙骨骼，死去的动物或植物坚硬的部分经过缓慢的化学反应后形成的石头。这只是在正确的条件下才会发生。有时，非骨部分也可以变成化石，包括鳞状皮肤，但这并不常见。

如果植物或动物消失了，只留下它的痕迹，这就是所谓的遗迹化石。它通常是在泥或沉积物中变成石头，包括脚印，尾拖痕或蠕虫和其他穴居动物留下的凹陷。当灾害，如泥石流，迅速把大量的植物和动物同时掩埋，就会形成化石场。它们被压缩和隐藏——不会被食腐动物吃掉，吹走或踩踏——反而在数百万年的时间里慢慢地变成化石。

一起了。弗朗西斯·培根爵士（Sir Francis Bacon）早在 1620 年就注意到这一点。于 1912 年指出陆地确实移动了的第一人是德国气象学家和地质学家阿尔弗雷德·魏格纳（Alfred Wegener）（1880—1930），他认为南非和巴西东南部存在同一岩层，并且在两个大陆上都发现了恐龙化石。但恐龙不可能横渡大西洋，英国和南极

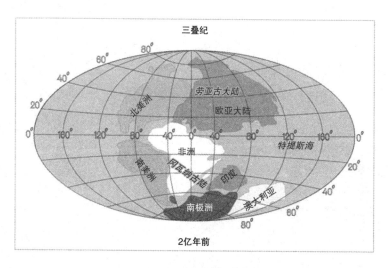

两亿年前大陆板块的位置

洲煤炭的存在进一步证明了这一点。煤由死树演变而来的，只有在炎热，潮湿的条件下才能形成。南极洲和英国都没有能产生煤的气候。

只有两种可能性：要么是这些地方的气候曾经非常不同，要么曾经靠近赤道的大陆如今已经移动。魏格纳认为除非围绕太阳运转的地球轨道发生了改变，否则南极洲不可能暖和到能形成煤。所以答案一定是——大陆可以移动。但虽然他提出了大量证据，支持陆地已经在地球的漫长历史中移动这个观点，却无法解释它是如何做到的。结果，当他第一次提出这个想法时，就遭到了地

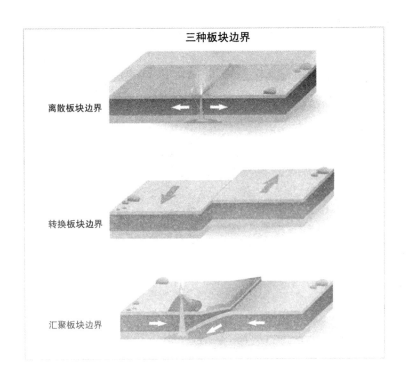

三种板块边界

离散板块边界

转换板块边界

汇聚板块边界

质研究机构的强烈反对。直到 20 世纪，出现了能对其进行最终解
释的进一步证据——板块结构说。

　　地球有一层薄薄的岩石层，位于较厚的一层叫做岩浆的半
熔融岩石之上。地球中心受热不均引起的对流导致岩浆的移动，
随之拖动地壳。地壳分为七个叫做板块的大块，以及几个较小
的板块。

新岩石代替旧岩石

当岩浆从下面的缝隙中涌上来，硬化形成新的岩石，有些地方的板块就会慢慢分开。这种情况会发生在大洋中脊，例如大西洋海底。这块新的岩石通常会形成中间带有裂缝的水下山脉（"山脊"），裂缝就是流出岩浆的部分。这就是冰岛和其他一些火山活跃的原因，这些地方由海底火山岩浆喷发形成新的火山。冰岛位于大西洋山脊的尽头，当上升的岩浆推离板块，它们会移动和推动承载陆地的板块。

在其他地方，两个大陆板块可能只是相互滑动。在这些地方，地震是很常见的，因为当板块互相契合，直到最后碰到一个新的位置时，压力才会增强，这种碰撞就会引起地震。北美洲的圣安地列斯断层就是一个板块相互交错地转换边界引发地震的案例。

在其他叫做俯冲带的板块边界处，大洋板块的边缘包括沉入承载大陆的大陆板块下面的部分。海底有大量的海水，由于它被推到熔融岩石下面，也就降低了板块的熔点。海底的岩石熔化，形成岩浆，然后从大陆岩石的缝隙中挤压出来形成火山。在南美洲西部海岸这样靠近大洋板块和大陆板块交汇的俯冲带地区，地震和火山是很常见的。

山脉的形成

当两块大陆板块交汇，边缘相互碰撞，向上挤压，就形成了山脉。板块边缘曾经是海岸线，但当板块碰撞时，他们会成为陆地。

当印度板块缓慢地向亚洲板块逼近，就形成了喜马拉雅山脉。这一过程还在继续，因此喜马拉雅山每年都在上升。上升的同时，山脉还被风和雨风化磨损（叫做侵蚀）。如果山脉的侵蚀速度比岩石向上隆起的速度慢，那它们就会继续增长。如果侵蚀比上升更快，它们就会慢慢被磨损。一旦山脉不再上升，随着风和雨的风化作用的逐渐磨损，它们又会逐渐变小。

板块运动解释了海洋生物化石如何出现在最高的山峰上，例如喜马拉雅山脉。但曾是小岛海滩的陆地变成一座山脉的中部要花费数百万年。如今作为珠穆朗玛峰一部分的岩石，曾是亚洲和印度岛的海岸。即使这块岩石已经远离海岸，但它还是带起了许多海洋生物化石。

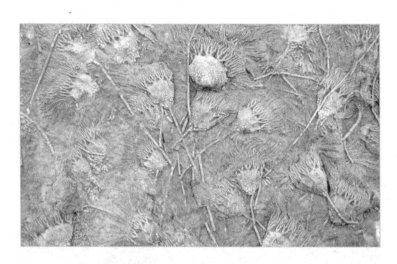

岩石中的史前海洋生物化石

仍在继续

板块并没有停止
移动，也不太可能很
快停止，尽管它们正
在地球冷却的过程中
逐渐减速。虽然不同
的研究组对具体的速

一名游客在冰岛的辛格韦德利国家公园拍摄板块间裂缝的照片

度给出了稍有差异的数据，但它们仍以每年几厘米的速度移动。于是，板块以每年1厘米（0.4英寸）左右的速度在大西洋中移动，造成欧洲和北美洲相分离，使大西洋以每年2厘米（0.8英寸）的速度扩大。一百万年后，它就会扩大20千米（12.5英里）。在其他一些地方，移动的速度是每年5—10厘米（2—4英寸）。如果我们能将时间放大到几亿年，可能会看到太平洋已经闭合，大西洋得到了极大的拓宽。在太平洋亚洲沿岸，死去的鱼类化石和来自加利福尼亚海滩的生物可能出现在同一座新的山脉，而中国东海岸也许和北美洲西海岸连接到了一起。

第二十章

植物能感觉到痛吗？

如果证明植物能感觉到痛，那对素食者和素食主义者来说真是一个打击。

它们就在你身边

　　植物占世界生物量很大的一部分，但我们对它们如何感知外界却知之甚少。过去的二十年中越来越明显的是，植物比它们看起来、比我们猜测的更为复杂。因为它们是静止的，而且它们的许多反应非常缓慢（通过改变生长模式实现），生命中活跃的部分基本没有被人类注意到。

乙烯"尖叫"

　　2002 年，德国波恩的研究人员进行了一项被广泛报道的实验，该实验证明当植物受损或患病时会尖叫或呜咽。这听起来很夸张，好像植物真的能同动物一样"觉得"痛苦是一种令人不悦的感觉。植物的"尖叫声"是由激光麦克风接收的，虽然那声音听上去显得有点虚假。

　　植物在受伤时会释放大量乙烯气体。波恩的研究人员收集这

些乙烯，并用红外激光进行轰击，使分子振动。激光束每分钟中断 2000 次，产生高频脉冲。当乙烯分子被激光激发，它们会产生少量由共振管收集并传递的能量，由此就产生了声音。研究人员记录这个声音时发现，植物承受的压力越大，它的"尖叫声"就越大——但这实际上只是衡量乙烯释放量的一个手段。乙烯的爆炸只是被实验装置转变成了尖叫声，它可以很容易地转换成一道闪电或一股热量。使用相同的设备，当它们以可测量的方式产生乙烯，健康"愉快的"植物会产生一种快乐的气泡或发出潺潺声。

为什么植物在受到伤害时会产生大量的乙烯？这个问题还有待

蔬菜快乐吗？

关于乙烯"尖叫"的研究具有实际的应用，可用于农业和零售业。在疾病表露出来之前，水果、蔬菜和植物发出的"声音"决定了它们是否健康。这对农夫、园艺家和零售商来说是有价值的信息。例如，黄瓜在它霉变之前能发出声音。

回答。可能是乙烯能达到阻止攻击者——以植物为食的昆虫或草食动物的目的，或者可能作为一个给其他植物的预警信号。也许这听起来有些牵强，但是植物拥有比我们想象强得多的交流能力。

如果植物能"说话"，它们会和化学元素进行交谈，就植物的化学信号和交流而言，乙烯的尖叫声只是冰山一角。

哎哟！

在我们深入探讨之前，有必要停下来思考一下"觉得痛苦"与什么有关。如果我们触摸到高温物体，身体会发生两种反应。皮肤中称为伤害感受器的传感器检测到刺激（称为伤害性刺激），表明身体受到伤害，并向中枢神经系统（脑和脊髓）传达讯息。我们第一个反应是从热的物体中立即抽回，都不用去想，甚至信号都不需要达到大脑——它可以在脊椎中以"反射弧"的方式处理。我们的中枢神经系统给手臂上的肌肉发出收回的信号，使手远离高温，防止进一步的伤害。

几乎在移动手臂的同时，我们的大脑会收到来自所有受伤区域的神经信号并确认，判定疼痛程度。正是这个地方给我们受伤的感觉，并让我们知道自己正处于痛苦之中。这个过程稍微慢于防御反射动作。我们可能已经注意到，有一个瞬间看到自己受伤，却还没有感到疼痛，那是大脑正在处理信息。

疼痛是人类学习过程必要的一部分，它会教我们将来如何躲避伤害。

许多种动物都会表现出疼痛——包括水蛭、果蝇和海蛞蝓。疼痛是由大脑皮质的外层所感知的。大脑皮层在人类体内高度发展，但在其他小型哺乳动物中不发达，在鸟类、爬行动物和两栖动物中更小（与整个大脑大小成比例），在鱼类中最小。无脊椎动物没有大脑皮层，因为它们没有与脊椎动物相同结构的大脑，但是不排除它们有另一种方法感知疼痛的可能性。

然而，植物根本就没有中枢神经系统或痛觉感受器。它们是如何感觉到受伤，又是如何应对的呢？不管植物"感知"疼痛的方式与人类有无可比性，它们肯定比大多数人所了解的要复杂得多。

植物的"感官"

植物与动物有很大的不同。它们不像动物那样有明显的行为，它们不会发出（我们能听到的）噪声，并且往往待在一个地方，但这并不意味着它们什么也没做。它们仍会对外界刺激做出反应——事实上，它们会比我们人类对更多类型的刺激做出反应。

人类有许多感官——包括视觉、听觉、味觉、嗅觉、平衡感和触觉。但如果我们以探测能力和对刺激的反应衡量感官，那植物显然有着更多的感官。它们会对热量、光、重力、水、土壤结构、营养物质、毒素、微生物、食肉动物和昆虫以及其他植物释放的化学信号有反应。鼠耳草可以对磁场做出反应，杨树幼木可以检测到它们纵向是否倾斜，植物甚至会对触摸和声音都产生反应。

这些检测机制通常被称为植物的"向性"，而不是感官。植物有向光性——它们往向阳的一边生长。它们也有向地性：根部向着引力最强的地方生长，枝条会对抗地心引力，向着远处生长。研究植物的反应通常需要测量化学物质的变化、电子信号，并观察缓慢的反应，如生长模式。

有些植物有着非凡的反应能力。一项研究发现，植物的根部会沿着地下的送水管道生长，即使管道外部是完全干燥的。接近如混凝土这样不可穿透的障碍物的植物根部在到达之前就会改道。它们还会躲避毒素，远离那些强大竞争者的根部。

朋友和家人？

植物似乎也有某种亲缘关系的认证。当关系密切的海滩芥种在一个地方时，其他物种通常会在这种情况下相互竞争，而它们则会共享土地资源。

吓植物一跳

一系列植物实验发现了比乙烯尖叫更令人吃惊的结果。

澳大利亚科学家莫尼卡·加利亚诺（Monica Gagliano）用含羞草进行了一个实验，含羞草是一种受到干扰，叶片会暂时闭合的植物。她每 5 秒就把植物从 15 米的高度扔下，扔了 60 次，每次都接住它们，保证它们不受伤害。5 次或 6 次之后，许多植物的叶子停止闭合，显然它们认为下落是没有威胁的。在 60 分钟的训练结束时，所有的植物都保持叶片完全张开的状态。植物"明白"了下落是无害的，这么说可能太过于拟人化。为了确保植物的反应仍然有效，她又摇了摇那些没有反应的植物。在这种新的刺激下，它们会闭合叶片。加利亚诺每周都重新测试这些"教过"的植物，

> "植物有短期和长期的电子信号，它们使用一些类似神经递质的化学物质作为化学信号。但其机制与真正的神经系统有很大的不同。"
>
> ——林肯·泰兹（Lincoln Taiz），圣克鲁兹，
>
> 加利福尼亚大学植物生理学名誉教授

发现它们至少四个星期都记住了这个经验（也就是，它们对下落没有反应）。昆虫的注意力要短得多，几天之后就会忘记这个经验。

美味的一餐

植物以我们不知道的方式处理信息，进一步的证据来自食肉植物的奇异世界。这些植物通过食用小生物获取营养，它们通常生活在缺氮的环境中，因此捕获和消化昆虫和小动物会提供缺失的营养。

有许多食肉植物，但最吸引人的是捕蝇草，因为它会移动。捕蝇草特别将叶片布置成"陷阱"。它们用细小的刺毛来对付进入陷阱的昆虫，然后关闭。这个植物能分泌出杀死和溶解昆虫的消化酶，吸收它的营养物质，这味道非常好。

它甚至比它看起来还要聪明。如果两根刺毛在 20 秒内接触，这个植物就会关闭。即使这样，一开始它只会关闭一

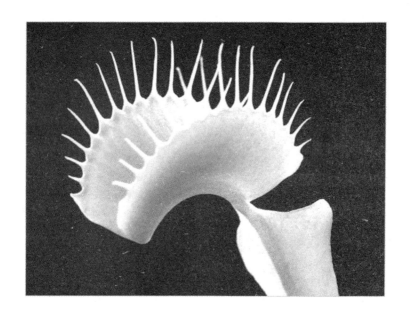

部分，如果困住的猎物继续碰到刺毛，它将会完全关闭，并开始消化过程。这可以防止它试图消化吹进来的碎片，或好奇的人用来戳它的毛刺而浪费精力。它还可以放很小的昆虫逃脱——它们的营养价值太低，不足以使用消化液。

那么陷阱是如何发挥作用的呢？据亚拉巴马州奥克伍德大学化学教授亚历山大·沃尔科夫（Alexander Volkov）所说，陷阱是由两个单个叶片和中间一个铰链组成，这些刺毛是能把机械能转换成电能的感受器。当昆虫碰到刺毛时，它会触发一种能打开陷阱细胞最外层特殊毛孔的电荷，让水从叶片的内部细胞流向外部

细胞。细胞压力的急剧变化会使得陷阱
铰链两边的叶片突然关闭。那
它是如何"记住"20秒被触
摸过一次呢？无人知晓。有一
种有办法储存信息的植物，但
它不是使用像动物一样的神经系统或
肌肉组织。

有什么用处？

动物将疼痛作为逃脱危险的信号，如果一种生物不能采取规
避措施，那疼痛有什么用？

对损伤的反应有助于保护受伤的植物，乃至周围其他的植物。
植物对某些刺激的反应是释放化学信号，这些信号通过空气传播，
被其他植物接收，然后回应。当植物受到昆虫或食草动物的攻击时，
它会释放出一种化学信号来提醒附近的植物产生让攻击者厌恶的，
甚至是有害的化学物质。

例如受伤的西红柿植株会产生一种叫做茉莉酸甲酯的化学物

质，能防御以植物为食的昆虫，同时也能被其他植物检测到，然后开始运行它们自身的防御程序，改变它们的化学成分，以产生化学保护。各种植物间甚至还会在一个极好的合作防御机制中发挥作用。

许多植物在受到昆虫的攻击时会产生有毒的或驱虫的化学物质，而有些昆虫甚至在叶子上产卵时就预先为防御饥饿毛虫的孵化做好准备了。有些植物可以区分机械损伤——例如，用刀切割植物或食草动物的攻击，对唾液中的化学物质做出反应。

共同作用

化学信号不仅通过空气，而且还通过地面传播。

森林中的树木是由一个巨大的围绕其根部的地下真菌网络连接起来的。有些生物学家称之为"木维网"。树木通过真菌相互传递化学信号和信息。它们也会传递食物，甚至在物种之间传递。加拿大的一项研究发现，大树会帮助小树，当小树被过度遮掩而不能进行光合作用时，大树会给它们输送养分。一项给松木注射放射性标记碳的实验发现，碳会在该地区所有的树之间迅速蔓延。常绿的松树会帮助落叶的桦树林，冬天桦树不能进行光合作用时，松树会给它们提供养分，夏天以碳（葡萄糖）的形式补回来。垂死的树木甚至会把它们的碳倒在真菌上，输送给其他健康的树木。

不仅仅玉米有听觉

一项研究发现，给同类受害植物播放毛毛虫吃树叶的记录，会使其产生击退毛毛虫攻击的化学物质。

不仅仅是树木，对西红柿和豆类的研究发现，那些会共享根部真菌（称为菌根真菌）的植株会传递攻击信息，让其他植物准备好保护自己。当其中一对相连的西红柿植株感染了枯萎病，第二个植株也会得枯萎病。当一对真菌连接的豆类植株被蚜虫袭击，第二个植株便会产生预防蚜虫的化学物质。

黑暗的网络

这个网络也可以用来犯罪，有些植物会偷邻居的东西。幽灵兰花没有绿色部分，并且不能进行光合作用，但它利用真菌网络从附近的树木上偷取需要的碳。有的甚至会犯更严重的罪行，金盏花和黑核桃树产生的毒素，可以通过真菌毒死其他想要与它们共享空间，争夺水、养分和阳光的植物。

> ## 《阿凡达》——比你的想象更真实
>
> 在电影《阿凡达》（2009）中，外星球上所有的植物都通过树木的根部相互交流。这与地球的实际情况相差不大，地下的真菌网络使得多种类型的植物，从树到草，都可以通过化学物质的转移进行交流。

聪明的植物

植物会收集关于外部环境的信息，并以一种看起来非常像选择的方式对信息作出反应。但植物不会像动物那样收集、处理和传递信息，甚至最忠于职守的植物生物学家都不会寻找植物的神经和大脑。

这个"选择"是由生化反应促成的——虽然我们可能不喜欢这种想法，但这就是我们自己的选择。人类大脑的生物化学成分和植物的感觉机制一样难处理。一种假设是，植物的"智能"程度可能类似于蚂蚁等群居昆虫修建蜂巢。

大脑对植物并没有用。事实上，由于植物经常受到损害，大脑将成为一个负担。植物拥有一个模块化的设计，在同一模式中，根、叶、花和树枝重复出现。因此，一个植物失去90%的躯体还能再生——没有独特的生命器官丢失。一个能被蚂蚁或羚羊咬伤的大脑，会降低植物存活的可能性。

虽然植物没有神经细胞，但它们确实会产生神经传递素，如多巴胺和血清素，这些是动物大脑中用来发送信号的化学物质。没有人知道植物中的神经传递素的功能或运转，19世纪时，科学家首次发现，植物也可以对麻醉剂做出反应。将它们暴露于醚（早期的麻醉）中能阻止其进行光合作用，防止种子发芽，并在触碰含羞草时防止它的叶片卷曲。

聪明——但不是那么聪明

1966年，美国中央情报局的测谎专家克里夫·巴克斯特（Cleve Backster）将测谎仪和他办公室的一株植物连接在一起。他声称，发现如果他想放火焚烧这株植物，它就产生大量被测谎仪记录下来的电流活动。植物似乎不仅会感到恐惧，而且还可能会读心术。

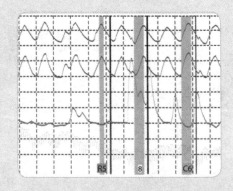

巴克斯特继续将测谎机和其他植物连接起来，包括莴苣甚至采摘的蔬菜和水果，如洋葱、橘子和香蕉。他说在植物对人类很熟悉的情况下，它会对附近人类的思想做出反应。他将中情局训练充分加以利用，甚至宣称能让植物在一排犯罪嫌疑人中选出罪犯。这株植物出现在杀死另一株植物（它被贴上了标签）的嫌犯面前，并从中挑出凶手，并在罪犯出现时产生了电流反应。它们还对其他生物的暴力行为有所反应，当在它们面前将活虾放入沸水或打碎鸡蛋，它们就会产生应激反应。巴克斯特的心理学故事是彼得·汤普金斯（Peter Tompkins）和克里斯托弗·伯德（Christopher Bird）于 1973 出版的一本畅销书《植物的秘密生活》中的精选部分。

其他科学家一直无法用测谎仪再现巴克斯特的成果。大多数植物科学家觉得这本书妄下断言，对他们作品的名声有所损害，对此很愤恨，而有些人抱怨说，对植物反应——挑衅地称为"植物神经生物学"的研究没有被认真对待。

第二十一章

我们看到的颜色是一样的吗？

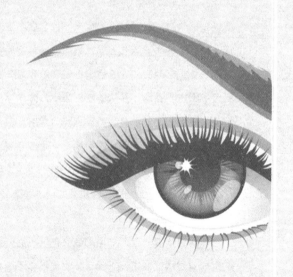

我们都认同玻璃是绿色的，天空是蓝色的——但我
们看到的它们是一样的吗？

这是一个复杂的问题，因为我们永远不知道事物在其他人眼里或者心里以怎样的姿态呈现。这是一个迷失在哲学领域和心理学中的问题，但视觉机制取决于直观的物理现象，会有多大的差别呢？

视觉要素

当我们看着一个物体，物体发出或反射的光线通过瞳孔进入眼睛，然后落在眼睛后面的感光细胞（视网膜）上。这里有好几种负责探测光线的视杆细胞和视锥细胞。视锥细胞负责彩色视觉；视杆细胞通过以高分辨率区分光明和黑暗，使我们在夜晚能看见物体。

视锥细胞对有些波长很敏感，尤其对某些特定波长的光反应最为强烈，它们将信号——电脉冲传给大脑。光越接近它们的峰值波长产生的脉冲就越多，因此发出的信号也就越强。大

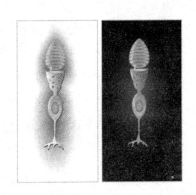

脑将所有来自视杆细胞和视锥细胞的信息集合起来，形成彩色图像。它的工作原理与电视屏幕或计算机屏幕基本相同，复杂图像的建立来自大量的单个像素的收集。大脑收集了来自每只眼睛里的 600 万视杆细胞的信息，向我们呈现高分辨率的立体视觉。

视觉细胞

人眼约有 1 亿 2000 万个视杆细胞和 600 万个视锥细胞。视杆细胞对低光水平非常敏感，可由单个光子（光能粒子）触发。它们使我们能在微弱的光下看得见，但它们并没有颜色。夜间活动的动物，如猫头鹰，其视杆细胞比视锥细胞更多，使得它们的夜间视力很好。

我们可以看到形状，因为视网膜后面的一小块区域上有许多紧密地结合在一起的视锥细胞。此外，由于有三种不同波长的光，视锥细胞可以检测到颜色，叫做 S—视锥细胞、M—视锥细胞和 L—视锥细胞，它们分别对短、中、长波长的光最为敏感。对于大多数视力正常的人来说，映射出的是蓝（S）光、绿（M）光和红（L）光。

在夜间或光线不足的情况下，所有东西看起来都是灰色的，因为没有足够的光让视锥细胞运行。物体反射的光是完全一样的——它仍然有许多颜色。但是由于光照强度太低，视锥细胞无法运行，我们就无法检测到这些颜色。

事物看起来是怎样的

当（任何颜色的）光落在物体上时，有三种情况可能会发生：光线被吸收、反射或透射。如果光的波长正好与物质中电子的振动频率一致，光就会被吸收。此外光的作用之一是加热物质，光

关于颜色的那些事

光是电磁波频谱的一部分：它是能在电磁波中传播的能量。电磁波频谱包括不同波长（波峰或波谷之间）的能量。光谱从无线电波到伽马射线。无线电波的波长最长，电波之间的距离能达到100千米（62英里）。伽马射线的波长最短，大约是一个原子核的大小。我们能看到的那部分光谱叫做可见光。

不同颜色的光波长也不同，红光比蓝光的波长更长。就物理学而言，可见光和来自遥远星球的无线电波之间的唯一区别就是波长。但我们的身体对光、无线电波和伽马射线有不同的反应。

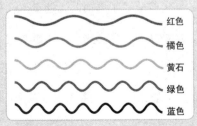

红色
橘色
黄石
绿色
蓝色

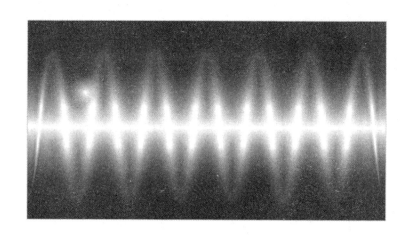

能可以转化为热能。黑色物体能吸收所有的光能——这就是为什么你把一个黑色物体放在阳光下，它会比一个差不多大小的白色物体要热得多（白色物体反射所有的光）。

如果光线落在一个物体上，该物体上没有频率相匹配的电子，它就会暂时刺激电子，然后以光的形式重新发射。如果物质是不透明的，能量就会从表面辐射出去——这被称为反射。

如果物质是半透明的，能量就会传递到邻近的原子，激发它们，然后从原子传递到原子，直到它从物体的另一端出来——这时光被透射。有一点点辐射会从原路返回，所以当你看绿色的玻璃时（反射光）显示的是绿色，并允许通过绿色光照射透过它（透射光）。

颜色是真实的

当然，当颜色一样时，你看到所有光的波长都是一样的。每当你看到反射波长为570毫米的黄色光的物体时，你会看到同样的颜色。物体的物理性质和光是保持不变的，无论有没有观察者。所以如果不是将颜色定义为能感知的东西，而是相关的光的波长，我们就都能看到同样的颜色。当然也可能不是我们所有人都以同样的方式看到同一种颜色。

每个人的视锥细胞和将它们连接到大脑的神经，还有大脑本身的物理结构都是不一样的。神经传导以化学反应的形式进行——这是相同的，并且不可改变。但感光细胞可能稍有不同——也许你的L—视锥细胞（擅长看见红色）对波长为564纳米的光最为敏感，但我的可能对波长为567纳米的光最为敏感，这会让我对橘红色更为敏感。不仅如此，一个人心目中"看到"的颜色也可能与别人"看到"的颜色不同。因为我们看不到彼此的思想，所以无从知晓。

多一点颜色和少一点颜色

虽然我们听见的声音是一样的，但有些人能听到比其他人更高或更低频率的声音，因此我们的耳朵和其他感觉器官的能力是不一样的。

有些已知的视觉问题意味着某些人——那些各种色盲的人看不到其他人看到的颜色。在这种情况下，有人可能会把绿色看作棕色的阴影。如果他们已经学会给一些事物贴上"绿色"的标签，那他们可能没有意识到，自己长期以来都和其他人看到的绿色不一样。但是，最终其他人能看到的不同色调，并被称为绿色或棕色的东西，当色盲的人看不见或无法区分这些的时候，就会很明显。

另一个变异是作为"四色视者"的那几个人——他们有四种视锥细胞而不是三种。这种特别类型的人对介于红色和绿色（在黄色／橙色范围内）之间的颜色最为敏感。

四色视者看到的颜色也比其他人更清晰或更鲜艳。有些动物也有四种视锥细胞，它们比我们能看到更多波长。有些昆虫，如蜜蜂能看到紫外线。有些蛇，如响尾蛇，可以看到红外线。

裙子是什么颜色？

2015 年，一条条纹连衣裙的照片在互联网上流传。有些人认为它是白色和黄色的，而其他看了同样照片的人认为是黑色和蓝色的。即使是专家，也无法对人们看到这件衣服的差异进行解释。在华盛顿大学进行色视觉研究的杰伊·内特兹（Jay Neitz）博士说，这张照片也许是使用蓝色光拍摄的，有些人不自觉地进行了补偿，

词汇很重要

人们在彩虹中看出多少种不同的颜色，部分取决于他们的眼睛，部分取决于他们所说的语言和所拥有的颜色词的数量。提出光谱是由白光分裂产生的第一人艾萨克·牛顿只能分辨五种颜色，但最终用七种颜色进行了描述，因为他被颜色，被 17 世纪已知的 7 颗行星，被音阶和一周的天数之间存在联系这种理论所吸引。生活在颜色词较少的文化中的人们能明确区分的颜色也就越少。

所以看到衣服是白色的，而其他人没有补偿，看到的是蓝色的。但这只是一个不确定的假设，并不是可靠的解释。这张照片清楚地表明，当我们看着同一个物体时，所有人都看到的颜色不一定都是一样的。

同样，当我们一致认为某个事物是绿色的，也可能存在着实际的差异，因为人个体的不同，对色彩的体会也不相同。很难解释是否会发生这种情况，我们大脑感知世界的方式在化学方式上相同，但人们对事情的反应却会产生差异——从喜欢或不喜欢的味道到发现痛苦和快乐。有些人能察觉到的味道和气味，其他人却完全察觉不到。这说明我们的大脑对同一种刺激能表现出不同的感觉，但很难判断我们看到的颜色是否不同。虽然我们可能都同意血和西红柿都是红色，但你认为它们是我所说的蓝色吗？如果你看一张蓝色的西红柿照片，你会意识到它不是你所想到的红色西红柿。当我看着正常的西红柿时，你也无法判断这是不是我所看到的颜色。

"我想我们可以肯定地说，人们看不到相同的颜色。"
——约瑟夫·卡罗尔（Joseph Carroll），威斯康星医学院

对我们来说都是一样的——还是不一样的？

2009 年，内特兹和他的同事们对雄性松鼠猴进行了一个实验。它们只有两种视锥细胞，所以可以看到的颜色种类比人类的少得多。雄性猴子通常看不见红色和绿色——它们无法将其从一个自然环境中区分出来。科学家们将人类视锥细胞基因植入随机挑选的雄性猴子的视锥细胞中，该基因被一种感染了视锥细胞的病毒运输，视锥细胞添加基因并将基因转化为能够检测红色的细胞。五个月后，拥有感染的视锥细胞的猴子能够分辨出红色。这说明即使它们的大脑天生不能分辨红色，它们也能适应。内特兹称，这意味着，至少就色觉而言，大脑对外部世界的感知没有预先确定的模式。

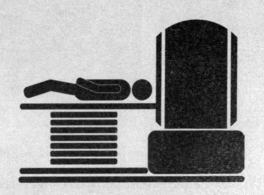

第二十二章

我们能找到治愈癌症的方法吗?

在英国和美国,每四个人就有一个人死于癌症——

我们有办法根治它吗?

失控

　　就像所有植物和动物一样，人体是由细胞组成的组织和器官构成的。细胞有不同的类型，每种细胞都有不同的功能。成年人大约有 100 万亿个细胞。细胞通常以一种可控的方式分裂：当我们需要新细胞来长大（在孩童时期），修复损伤，或者代替退化的旧细胞时，细胞会复制它们的遗传物质，然后分裂成两个。

　　有时，细胞分裂会出错。DNA 这种遗传物质没有得到正确的复制，叫做突变。突变的细胞一般都会死亡，但有时候却不会，之后它们开始繁殖，产生更多的，有缺陷的细胞。

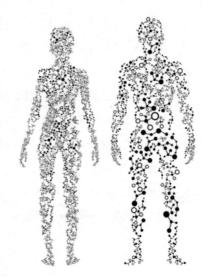

　　当这样的复制失去控制，就形成了癌症。缺陷细胞没有正确的指令来控制它们的繁殖，而当不需要新细胞时，它们还继续分裂，形

成肿块，称为肿瘤。血癌（白血病）不会形成肿瘤，但血管或骨髓（产生血细胞的组织）中会形成多余的细胞并产生问题。

肿瘤能在人体内潜伏一段时间，甚至好几年而不被察觉，这取决于它在体内的位置和生长速度。有些肿瘤是良性的（非癌性），但如果它们开始压迫其他人体组织，例如大脑中的肿瘤挤压脑细胞，就会危及人的生命。在肿瘤产生扩散到身体其他部位的能力时，通常是当肿瘤细胞散落开来并被运送到血液或淋巴系统中时，肿瘤会转变成恶性（癌症）。继而，它们可以长成身体其他部位的继发性肿瘤。

不止一种

癌症约有 200 种，它会影响不同的身体部位或组织。根据其初发与不同的身体组织，可分为 5 类。

· 恶性上皮肿瘤是始于皮肤或覆盖在内部器官上的黏膜的癌症。

· 肉瘤始于维系或支撑身体的组织，如骨骼、软骨、肌肉、脂肪和血管。

· 白血病始于产生新血细胞的骨髓；骨髓产生异常的血细胞，并释放到血液中。

· 淋巴瘤和骨髓瘤始于免疫系统的组织，如淋巴腺。

· 脑癌和脊髓癌始于神经系统的组织。

癌症的成因

许多因素会引发细胞故障，使它超速运转，进行不必要的繁殖。它可能是由外界对细胞的影响引起的，如吸烟或辐射。它可以随着身体年龄的增长而出现。人年龄的增长让人体的细胞更容易出现失误，

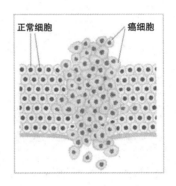

差错不断累积。有些人继承的基因会增加患特定癌症的风险。它是完全随机发生的，因为细胞在复制自己时会出现失误，这是由几个因素综合作用的结果。

大量的基因突变才会导致癌症。人体通常有一个良好的质量控制机制来检测缺陷细胞，并能让它们自毁。如果突变进入这个检测系统，错误未能被检测到，而通过了质量控制，或突变阻碍了细胞自毁，缺陷细胞就可以成功繁殖，然后癌症随之产生。

你的一部分

治疗癌症的困难在于，肿瘤是由身体自身的细胞形成的。有一种带有传染性疾病的病菌——一种致病的微生物，它对人体来说是外来的。人体的自然防御机制——免疫系统的

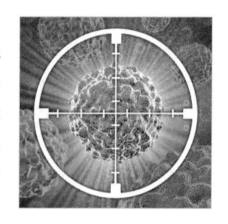

存在就是为了攻击这些外来物并摧毁它们。这是我们自己用来对付疾病的特种部队。我们可以用药物，如抗生素，来帮助免疫系统，甚至提供现成的抗体来抵抗某种特定的疾病。不过，癌症是个棘手的问题，虽然免疫系统通常会破坏那些病变的或"受损的"细胞，但免疫系统会将癌细胞视作"自己"的一部分，并不会攻击它（事实上，在自身免疫疾病中，免疫系统会破坏自身的细胞，从而导致严重的疾病）。

治疗

癌症的治疗往往令人深感不悦和痛苦。过去，它们甚至比疾病本身更糟糕。直到 20 世纪，唯一的治疗方法是手术——切除肿瘤。这有时有用，但在麻醉之前，这是个恐怖和痛苦的经历。

如今，肿瘤仍然是通过手术切除（在病人麻醉的情况下），然后病人进行化疗和放疗。但通常癌症可以不通过手术来治疗。

> "然而——当可怕的手术刀插入乳房——穿过静脉——动脉——肉——神经——我需要命令才能止住哭泣。我开始尖叫，尖叫声断断续续地持续了整个切开的过程——我感到惊讶的是它不再在耳边响起！生病是如此的痛苦。"
>
> ——范妮·伯尼（Fanny Burney）给艾斯特·伯尼（Esther Burney）的信，1812

它为什么这么严重

化疗会引起令人非常不适的副作用，化疗会在细胞分裂时瞄

准细胞。通常，化学药物会在全身游走。它可以用来注射、点滴或当作胶囊吞服。由于癌细胞繁殖速度比其他大多数细胞都要快，所以它们是化疗过程中受损最严重的细胞。然而，其他繁殖频繁的细胞也会受到影响，包括皮肤细胞、毛囊和肠道黏膜细胞。这就是为什么化疗的人往往掉头发和胃不舒服，那是因为头皮和肠道细胞受到了间接的损伤。

放射治疗是通过给肿瘤细胞以定向大剂量的辐射来起作用的。大量的辐射破坏了组成染色体的 DNA 分子长链，这使得细胞无法繁殖，继而死亡。放射治疗专门针对肿瘤，这样它就不会破坏身体其他部位的细胞。有些放疗是通过口服或静脉注射，它在全身游走直到到达肿瘤那里，才会积聚起来。

这两种方法都是通过破坏癌细胞中的 DNA 产生作用。癌细胞缺乏正常细胞所具有的修复受损 DNA 的机制，当正常细胞受到辐射损伤后，它们会停止运转，直到损伤得到修复。癌细胞则会继续运行，继续繁殖新细胞，导致受到灾难性损坏的老细胞无法正常工作而迅速死亡。

放疗和化疗最开始出现的
时候，其在人体起作用的过程
不得而知，但很明显这个治疗
方法是有用的。

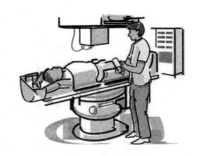

然而，癌症细胞可以继续
变异，而且在这个过程中可能会对治疗它们的药物，甚至是它们
还没有接触到的药物产生耐药性。继而癌细胞可能会发生适应性
的变化，将药物排出细胞外。

更好的方法

医学研究正不断寻找治疗癌症的方法，有几项有希望的新成
果，但如果说它们将是创造奇迹的治疗法，还言之过早。

> "临床试验中出现的证据表明，我们正处于治疗癌症的全新时代
> 的开端。一些最常见的肿瘤类型似乎要用免疫疗法进行治疗。总的来
> 说，肺癌、肾癌、膀胱癌、头颈部癌和黑色素瘤每年造成大约 50000
> 人死亡，约占癌症死亡人数的三分之一。"
> ——皮特·约翰逊（Peter Johnson），英国癌症研究所肿瘤学教授

出来，无论你在哪里

一种方法是着眼于癌症躲避免疫系统的能力。如果可以揭开癌症的伪装，人的身体就可以摆脱它，使用正常的防御机制。新的免疫治疗药物就是为了这样做，才重新培育人体的免疫系统，使之能够"看到"并摧毁癌细胞。2015 年公布的早期结果中包括一项英国研究，在这项研究中，58% 的晚期皮肤癌患者用这种方法大大减少了肿瘤，而且案例中的 10%，肿瘤完全被破坏了。

另一种方法是关闭促使肿瘤细胞复制的基因。科学家们正在研究自然产生的叫做信使 RNA 的遗传物质，它可以选择性地阻断单个基因。这个过程被称为 RNA 干扰（或 RNAi）。2012 年的研究发现，当白血病病人体内一种特殊的基因被阻断后，癌细胞就会停止复制，并恢复为正常的、不分裂的白细胞。医学家们认为，有可能找到一种可以干扰其他癌细胞的 RNAi 分子。诀窍在于，找到每种情况下引起问题的蛋白质，然后用适当的 RNAi 阻断它的产生。

找到敌人

癌细胞通常缺乏一种名为 p53 的基因。这种不足可能在癌症治疗中得到利用。p53 基因是细胞抵御病毒的防御机制的一部分，但有些病毒会产生阻止 p53 在细胞中活动的蛋白质，然后病毒进入细胞并繁殖。病毒的工作方式是劫持细胞并指导它复制自己。当细胞充满复制的病毒时，病毒就会爆发，然后会蜂拥而出，侵入邻近的细胞。

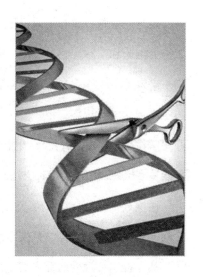

目前一种腺病毒已经被研制出来，它只能存活在缺乏 p53 的细胞内。这意味着它只会将癌细胞作为攻击对象，不会侵入健康细胞。如果把病毒放进肿瘤中，它会杀死癌细胞，由于它无法进入正常细胞，正常的身体细胞就能保留下来。这种方法正在美国进行临床试验，在中国也已经用于治疗肺癌。

饥饿而死

因为癌细胞分裂和扩散得很迅速，它们需要良好的血液供应来滋养细胞和清除废物。癌症一般会增大局部的细胞，当肿瘤达到 1 毫米（0.04 英寸）左右时，我们可能会在发生这种变化的细胞中发现化学标记物，也就可能识别和阻断化学物质的作用。这些化学物质会促进血管发育，阻断这些化学物质的产生或其作用，可能是"饿死"肿瘤的一种方法。

通过对癌细胞 DNA 的研究，科学家们开始发现不同类型癌症之间的相似性，这已经能帮助医生描述和判定具体的癌症类型，并为病人提出合理的医疗方案，这也为新的治疗做好了准备。如果对癌症细胞进行医学调查可以揭示其具体的弱点，那么将来利用这些易受伤害的癌症的弱点可能会找到运行治疗的方法。即在分子水平上对每个病人的癌症进行分析，并采取有针对性的治疗。

接下来是什么？

生活在经济发达国家的人中，将近一半的人会在一生中的某一时刻患上癌症，其中四分之一的人会死于癌症。根治癌症的方法可以挽救很多遭遇痛苦的人，而现阶段，减少痛苦的治疗方法成为最受欢迎的医学成果之一。

更好的

比治愈癌症更好的办法是一开始就避免患上它。有些癌症是由于随机的基因变化引起的，而随着年龄的增加，随机变化变成癌症的可能性更大。但对于其他由于暴露于毒素或辐射中造成的癌症，或由于遗传和出生就存在的癌症，我们能做的就是尽量避免已知的毒素。

吸烟是导致毒素引起癌症的最常见的一个原因。美国三分之一的死亡是由吸烟引起的癌症导致的，其中 90% 是肺癌。在英国，肺癌是仅次于心脏病的男性主要死亡原因（2013 年数  据）。好消息是，在戒烟五年后，人们患多种与吸烟有关疾病的风险减半，十年后死于肺癌的风险减半。其他增加癌症风险的因素包括超重或肥胖、酗酒、没有防护的情况下过度暴露于紫外线中等。

第二十三章

智能机器能取代人工吗?

智能机器接管世界是一个熟悉的科幻场景。但这是个真正的威胁吗?

为了让机器人接管人类的工作，它们需要独立思考和推理，这超出了当今大多数计算机相对简单的编程，总之，它们需要变聪明。智能机器人——被称为"人工智能"（AI）——目前还不存在任何我们认为能超过人类智能的形式。所以危险不会即将来临，但可能并不遥远。正如一些技术专家和哲学家指出的那样，考虑问题的时机是在它发生之前，发展初期就需要避免。等到机器人联合起来反抗我们，舒展着钢铁肌肉的时候就太晚了。

第一步：制造机器

自从第一批机器人在 20 世纪中期出现，人们就开始努力发展人工智能。这是一个智力挑战，而人类总是会遇到这样的挑战。

在制造人工智能的这一挑战解决之前，我们需要确定智能是什么。目前人类没有共识，但诸如独立思考、创造和思维理论（认

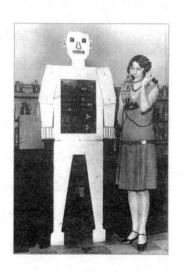

识到其他人有他们自己的思维过程）是显而易见的。但我们要清楚这种思维与人工智能具体的界限：AI 会故意欺骗吗？它会做出猜测吗？它有感觉吗？它有意识吗？

模仿游戏

第一个关于机器人是否能被称为人工智能的测试，早在人工智能出现之前就已经设计好。计算机之父艾伦·图灵（Alan Turing）描述了一个他称之为"模仿游戏"的测试，现在我们称之为"图灵测试"。它需要让一个人与一台隐藏的计算机进行特定的对话。如果这个人能肯定地判断他是在与一个机器交谈，那么这个测试就失败了。但是如果这个人被机器骗过，认为与他交谈的也是人类，那这个机器就通过了测试。

至今，我们还没有开发出任何通过图灵测试的机器，但是，当我们处理那些与我们交谈的机器，从智能手机提供的电话呼叫中心系统到与"数据助理"的交流，我们越来越习惯这个想法。我们也许比先辈更聪明——可能是我们现在更难被糊弄。

我们身边已经有很多相对低级的人工智能。例如，复杂的电子游戏中计算机控制的"玩家"的行为就取决于 AI 程序。像苹果的 Siri 和谷歌的 Now 这样的数字个人助理都使用着 AI 解码，并回答我们用自然语言（正常的语言，而不是计算机代码）提出的问题。但它们离能和人类互相交流并理解语言中隐含的复杂性还有很长的路要走。

像"光阴似箭，水果像香蕉一样飞逝"这样的句子，对计算机来说很难从语法上来分析——不知道"flies"是第一种情况下的动词还是第二种情况下的名词。语言中到处都是这样的陷阱：如果"水牛奶（buffalo milk）"是来自水牛的奶，然后，按照同样的逻辑，"婴儿奶（baby milk）"就应该是来自婴儿的奶？显然不是，大脑中神经网络的复杂性能为我们带来关于这种短语相关的累年经验和丰富语境。但据目前的统计，至今还没有一台计算机能达到如此复杂的程度。

当然，如果你认为任何人工智能必须模仿人类智能，这也是一种误解。模仿不是我们对其他机器的要求，比如我们所有的大宗运输设备都使用车轮，自然界中任何地方都找不到这种解决运动的办法。所以这是可能的——甚至是有希望的——AI 可以沿着不与人类智能并行的道路发展。

云端的人工智能

　　开发人工智能的关键在于，给予系统一种学习的方法。要达到真正的自主和智能，它们要能够超越编程所提供的知识，去吸收新的知识，从每一个互动，每一个新情况和行为后果中学习。如果这种学习受限于任何单一人工智能的经验，它会进行得很缓慢。但是，如果云端的人工智能系统，将它们的经验和学习集中起来，那几个或多个系统就可以共享和利用一个更广泛的知识库。

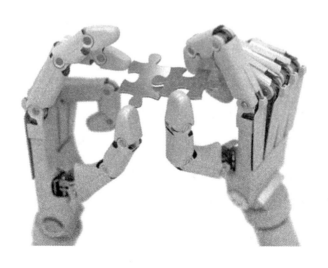

人工智能朋友，助手和情人

在科幻电影里，我们可能会与人工智能相爱、发生性关系、成为朋友，或者将其作为仆人。现实中有些组织已经在研发个人护理助理机器人，帮助老年人进行日常活动，满足人口老龄化国家对护理援助的需要，以及照顾一小部分年轻人。

日本面临着其中一个最具挑战性的人口发展前景，所以它在研发护理机器人领域位于世界前列。这并不奇怪，这是一个很有可能在世界许多地方扩张的市场。机器人可能会开始承担一些实际的任务，例如运送医疗推车，或确保消防出口始终无杂物、应急设备都就位和有效。这就不需要护理人员来完成更多交互任务。但是，机器人越来越多地用于更多的个人护理，例如转动病人或帮助他们洗头发——日本研发的一种有二十四根手指的机器人，已经可以像人类助手一样有效地清洗头发。

一个毛茸茸的海豹形机器人伴侣，可以模拟一个有生命的宠物，在被抚摸时会有感激的反应，这在日本也很受欢迎。许多拥有者很享受这种人工智能的陪伴，但有些评论家认为这种情形会偏离人类情感太远，对此很有争议。但这毕竟是一个新的发展，至今还没有对因人工智能产生情感依赖性的心理学影响。

第二步：依赖机器

在典型的科幻世界的末日场景里，任何打算开发人工智能的人都试图占领世界，奴役或消灭人类，或走上其他破坏性的道路。

因此，这些重大灾难很可能出现意想不到的结果。毫无疑问，我们会以良性的目的开始，比如使生活更容易，让我们自己更愉悦，更有效地利用资源，保护环境，照顾需要帮助的人，使信息随时可用，更加准确、可靠地诊断和治疗疾病等等。

但成功之中隐藏着危险。太阳微系统公司的共同创始人比尔·乔伊（Bill Joy）认为，我们制造的机器越有用，我们就越依赖它们。过一会儿，可能就不能关掉了。我们大部分的生活都已经依赖于电

脑系统。例如，关掉使银行
或空中交通管制得以运转的
计算机，即使在目前也是无
法想象的。

我们已经看到电脑化决
策的速度所带来的不幸后
果。2010 年，所谓的"闪
电崩盘"见证了道琼斯工业指数下降了约 1000 个点。超级计算机
在没有人类监督的情况下快如闪电的交易速度造成了股票价值的
下跌，因为它们卖得太快。不难看出，当越来越擅长决策的人工
智能超过人类决策者，我们可能会让它们做越来越多的决策。毕竟，
为什么我们或者任何商业组织宁愿选择一个似乎不那么可靠的决
策系统（人类）而不去选择一个更好的（人工智能）？一旦它被
广泛使用，就会接手越来越多的任务，这几乎是不可避免的。

第三步：哎呀！

然而，计算机和它们的程序一样，即使能够完全独立地学习，它们也不会（据我们所知）产生良知、同情心、道德体系、情感或意识，除非它们预先设定好了这样做。显而易见，一个没有人类维护的系统肯定会失控。比尔·乔伊引用了一个场景：一个被用来优化回形针生产的人工智能可以决定利用一切可利用的资源来实现目标，甚至可能从人体中提取原子制成回形针。因回形针而死并不是真正的威胁，而是对许多意想不到的不良后果的假设。有种假设是，完全从逻辑上来说，人工智能可能会以人类对地球有害为由，从而消灭地球上的人类。要防止这种情况发生——采用阿西莫夫（Asimov）的机器人定律是一种方法。

作为突现特质的意识

有一种理论认为意识是从神经网络中自然产生的——它不需要被创造出来，而是自然而然地产生，就像天气是大气、水和地质的一种突现特质一样。这并不能解释意识是什么，而能解释意识是如何产生的。它还解释了"群体意识"或一起行动的群体意识的动物，如蚂蚁和蜜蜂。

如果这种理论是正确的，意识可能会自动出现在任何足够复杂的计算机系统中。它可能已经在那里了，不需要成为一种我们马上就能辨识的意识的形式。

还有些不那么显而易见的危险。工业革命使得许多以前人们所做的费时而枯燥的工作机械化，结果导致有些领域的工人失去了工作。我们也看到了

计算机化和制造业机器人的出现。人工智能可能会承担更多的工作，其中甚至包括许多目前涉及专业知识的领域，如医学、法律、教育、建筑和科学研究等。人工智能承担更多的工作，这可能是毁灭性的，也可能是解放性的，要取决于社会如何应对这种变化。一大群人可能会被解雇，失去动力，也许会受精神病的折磨。但药物和娱乐可能会安抚他们，鼓励他们培养爱好，并让其安于现状，以防止社会动乱。而在那些反乌托邦者看来，社会需要的是精英，而不是不需要工作的人，他们甚至可能被消灭，或禁止生育。

竞争

汉斯·莫拉维克（Hans Moravec）在美国卡内基梅隆大学建

立了机器人计划，他相信人工智能最终将超越人类，设想在很长一段时间内我们能保持相对较好的控制，但他觉得这场战役人类

最后会认输。也许将来地球会由机器人或人机组合接管，一旦人工智能开了这个先例，最终人类的危机也将到来。

阿西莫夫的"机器人学三定律"

科幻小说家艾萨克·阿西莫夫在短篇小说《借口》（1942）中第一次提出了他的机器人三定律：

1. 机器人不可以伤害人类，或通过无作为让人类受到伤害。

2. 机器人必须服从人类赋予它的命令，除非这个命令与第一定律相抵触。

3. 机器人必须保护自己的存在，只要这种保护不与第一定律或第二定律相冲突。

阿西莫夫后来又加了一条规则，排在其他定律的前面：

0. 机器人可能不会伤害人类，或无作为让人类受到伤害。

人们普遍认为，这将是治理现实世界中人工智能生产的很好的定律。

第二十四章

人和莴苣有什么不同？

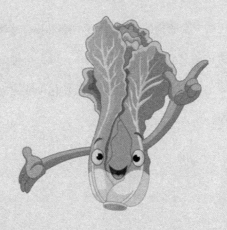

很难相信，但我们与蔬菜沙拉共用遗传物质……

你看起来不太像一棵莴苣，所以你可能想知道，到底哪一个是你和蔬菜沙拉共享的基因。

关于DNA

构成任何生物体模型的信息被编码成DNA。每条DNA链都被称为染色体，其组成部分叫做基因。构成一个有机体"配方"的整套基因叫做基因组。

基因组包括一套完整的指令，用于构建和操作生物体的身体。指令复制到身体的几乎每一个细胞，并告诉每个细胞成为什么和做什么——成为一个骨细胞并让矿物质硬化，或成为神经并传输神经冲动等等。

基因精灵？

每一个基因命令身体生成一种特殊的蛋白质。蛋白质负责体内发生的一切活动，从消化到生长和对抗疾病。每一个细胞只会遵循指令生成所需的蛋白质 ——它只读取适当的 DNA 片段。其他 DNA 片段会被卷离它们不能到达的地方，有的会被关闭。

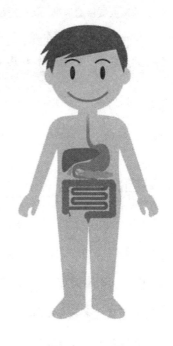

我们倾向于观察染色体，更确切地说，就像观察地图上标记的地铁站一样：我们只注意站点，但两者之间还有基本的轨迹。我们认识到基因只占染色体总长度的 2%。科学家们仍在探索其他 98% 有何用途。很可能是通过"轨道"来执行某个功能——非编码 DNA——是告诉每一个细胞它所需要产生的蛋白质。每个单元都获得一套完整的指令，这是很重要的信息。例如，你不想让你眼睛里的细胞产生消化酶。

都在代码中

DNA 的结构是一个相互联系的由两部分构成的双螺旋结构，而不是像梯子的阶梯一样。每层"阶梯"由一对含氮碱基组成（碱基是与酸混合能形成盐的碱性物质）。这些被称为碱基对，总是腺嘌呤 – 胸腺嘧啶和鸟嘌呤 – 胞嘧啶——它们不能结合在一起。

碱基对三个一组，称为"密码子"。由于每一对可以从任何四个开始，所以碱基总共就有了 4×4×4 = 64 种组合。一个序列的密码子给出一种蛋白质的配方——为了细胞能产生所需的蛋白质，基因需要提供的信息。蛋白质是由氨基酸组成。用于构建蛋白质的 20 个氨基酸中的每一个都有自己的密码的密码子。也有特定的"开始"和"结束"密码子来标记基因的开始和结束。

基因做了什么

不同生物中的许多细胞必然具有相似或相同的功能。虽然你可能看起来不像莴苣，但你的细胞执行了许多与植物一样的程序。在所有或大多数生物体中，细胞的某些程序是相同的，包括细胞分裂的方式，以及细胞呼吸过程中从葡萄糖中摄取能量的方式。

大小不重要

人类基因组有 46 条染色体，大约有 32 亿个碱基对。相比之下，酵母只有 1200 万个碱基对，一些低等的细菌只有 100000 多个，火红蚁有 4 亿 8000 万个碱基对。但不要觉得你巨大的基因组很优越：石花肺鱼有 1300 亿个碱基对。

因此，虽然你大部分的身体不像莴苣，但它与其他植物和动物，特别是其他哺乳动物有着类似的功能和程序。这就解释了为什么我们与其他动物共享很大一部分基因组。

动物	基因组共享比例
黑猩猩	90%
老鼠	88%
狗	84%
斑马鱼	73%
鸡	65%
果蝇	47%
似蚯蚓线虫	38%

它是如何发生的

人类与其他生物体共享如此多的遗传物质，是由于我们与它们有着共同的进化祖先。总的来说，我们与近期在进化过程中分化的生物体共享着更多的基
因。近 600 万年前，人类和
黑猩猩拥有一个共同的祖先，
所以从那时起出现的基因差
异使得黑猩猩和人类成为不
同的动物。为了找到其他哺
乳动物、鱼类、鸟类、昆虫
和植物共同的祖先，我们必须追溯到更久远的年代。其结果就是，
更多的遗传变化不断积累。我们与鲨鱼的最后一个共同的祖先可
能生活在 2 亿 9 千万年前——有很多时间让人类和鲨鱼在这个过
程中产生不同的演变，失去和获得不同的基因。

然而，进化距离和遗传差异之间没有直接联系。由于这两条
发展线都经过突变而发生了遗传变化，所以才会产生这种差异。

因此，老鼠和人类的区别是，人类与共同祖先间的差异，和
老鼠与共同祖先间的差异的集合。如果一条线发展较为缓慢，累
积的遗传差异比我们预期要少。此外，如果生物体受到相同的环
境压力，有些基因可能会以相同方式改变。但无论哪种改变方式，
我们都会与莴苣、老鼠、鲨鱼，和其他所有的进化物保持相似性。

第二十五章

宇宙将如何终结?

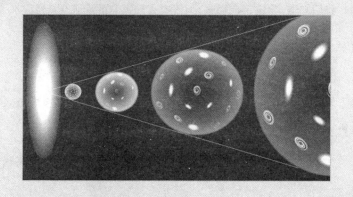

你不必为担心宇宙的终结而保持清醒——它终究还是会发生的。

有什么选择？

科学家对宇宙是如何开始有一个不错的想法，这个想法来源于逆向思维，利用我们目前理解的物理学定律和现在所观察到的宇宙得出的结论，但关于它将如何终结，目前人类还没有达成一致的意见。

它可能以一声巨响，或者在呜咽声中结束。

我们知道，宇宙正在膨胀，但没有人知道它的膨胀会持续多久，最后又会发生什么，也许有三种可能：

* 不断膨胀，在"开放"的宇宙中越来越快。

* 不断膨胀，但在一个"平面"的宇宙中以相同或更慢的速率膨胀。

* 停止膨胀，在一个"封闭"的宇宙中自己进入倒退和坍塌状态。

没有哪种可能性是好事，但幸运的是，最近200亿年不会发生这样的事，这不是我们目前需要担心的首要问题。

以上便是一直以来，我们对宇宙演变的看法。但另一个可能性已被列入清单之中，它可能在今天下午，或者明年，或者 180 亿年以后发生。在这种情况下，不稳定的宇宙只会停止存在。当它可能会

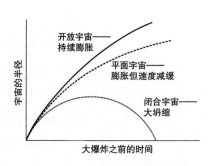

发生——或者严格来说，在你生命的最后，你也许应该担心这件事。但我们什么也做不了，我们甚至可能都不会注意到它的发生。可能在你知道之前，它就已经全都结束了——那你的担心就全都白费了。

我们所了解的物理知识还不足以说明它会发生，或者说有一些我们没有想到的可能随时会发生。

从一开始

最近的宇宙学理论认为宇宙起源于"大爆炸"，或者称之为"奇点"更为恰当。此时，所有的时间、空间与物质从一个无限稠密的小点扩展到物质存在。由于没有人知道这一点是从哪里来的——而且"哪里"在这种情况下是没有意义的——这为任何一个想要

为超自然解释的人打开了大门,如创造万物的上帝。我们可以有一个上帝或未知的神——这并不重要。

大约 138 亿年前,那时一切都在大规模扩张,在百万分之一秒内从几乎没有大小长到巨大。

第一个 10^{-32} 秒(0.00000000000000000000000000000001 秒)它就长到柚子般大小。这时,它的扩张速度放慢了——但仍然很快:在第一秒的最后,宇宙的大小与我们的太阳系差不多。

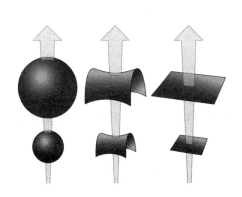

在第一秒,物质和反物质的第一种形式出现了,大多数都相互消

灭，留下夸克、电子、光子、中微子和一些其他微粒形式的剩余物质。单力是驱动宇宙分裂，创造一些我们现有的力量，如重力、电磁力和弱核力。粒子开始破裂，形成质子和中子。虽然有光子，但宇宙密度

依旧很大，以至于没有光可以发光——如果有人在哪里目睹过，那他们就什么也看不见了。回顾宇宙大爆炸的过程，它会在很多方面令人失望。

如何创造一个宇宙

接下来的几秒钟，当温度降至只有 10 亿℃左右，质子和中子结合形成氢和氦原子核。大约 20 分钟后，宇宙变得很寒冷，并且密度不足以继续形成原子核——一切已经结束了，一个热的糊状混合颗粒就这样保持了 24 万年左右。

等到那次结束时，对原子核来说已经冷（约 3000℃）到可以开始捕获电子，于是原子开始形成物质，正如我们所知道的那样。在宇宙大爆炸发生的 30 万年后，宇宙是雾状的氢（75%）、氦（25%）和微量的锂的混合。原子中的颗粒附在一起，可能是为了光的照耀，但那里没有东西可以发光，光子只是四处飞舞。我们现在仍然可以看到一些痕迹，比如宇宙放射线背景。

后面 1 亿 5 千万年发生的事情并不多。最后，引力坍塌形成了第一类星体，3 亿年后，恒星和星系开始出现。由于传播物质密度有些许不规则，使得结块和间隙增大。引力将其中的物质聚集在一起，使结块密度变得更大。当物质距离更近，引力更难将其聚在一起，最后自己塌陷了。当这种情况发生时，坍塌的物质温度升高，并且密度很大，使得氢原子核开始融合到一起，形成氦，在核聚变过程中释放出大量的能量：第一颗恒星诞生了。宇宙终于出现了东西。

第一颗恒星寿命很短并且质量超大（质量约为太阳的 100 倍），并且会很快就爆炸形成超新星。这些碎片重组成新的恒星。大量的物质一起聚集成星系，星系形成星系团，最终形成现在的宇宙。太阳大约形成于 46 亿年前，由前几代 80 亿年以上恒星的回收物质形成。

科学全知道：那些古怪有趣的科学现象

我们现在在哪里

目前，宇宙仍在膨胀和冷却。它的密度大幅下降到每立方米约 10—26 千克，或每立方米有 10—20 毫克物质:计算出来就是每立方米的空间大约有 16 个氢原子，还有很多空间。物质在宇宙中的分布和运动受将其拉在一起的引力和一些将其分开的力量——可能是暗物质或暗能量——控制。这个巨大的宇宙设定了膨胀（或收缩）率。

仍在增长

比利时牧师、天文学家乔治·勒梅特（Georges Lemaître）

（1894—1966）是第一个提出宇宙膨胀思想的科学家，这是他在 1927 年从爱因斯坦方程组中得出的结论，但他的著作是在法国出版，而且大多数天文学家都没看到。1931 年，他的作品被翻译成英文，那时他还提出，如果宇宙正在膨胀，它曾经肯定要小得多，就是他所谓的"原始原子"，所有的物质都处于高度压缩的状态。这种膨胀由天文学家爱德文·哈勃（Edwin Hubble）于 1929 年证实，后来被称为宇宙大爆炸理论。

当它变大时变小……

有个奇怪的转折，随着宇宙不断膨胀，可观测宇宙的部分——我们可以看到或接收到的辐射——变得更小。就其以千米为单位的物理范围内而言它并没有缩水，但它内部的物质减少了。膨胀会推动目前能观测到的宇宙的边缘上的事物，使其远离我们，越过这个边界直到观测不到的空间。当宇宙变得越来越大，我们能看到的部分越来越少。

长期以来，宇宙的扩
张速度被认为将会逐渐减
缓。但 1998 年，来自哈
勃太空望远镜的数据显示，
宇宙不仅仅仍在扩张，速
度还在不断加快。

大撕裂理论

目前很多天文学家都赞成大撕裂理论，这是在 2003 年出现的
理论。大撕裂将在一个开放的宇宙中起到作用。在这种情况下，
宇宙的膨胀将继续下去。当引力把物质拉到一起时，暗能量把它
分开，就会增加物质之间的空间。由于宇宙扩展得越来越远，引
力引起的争斗越来越少，膨胀的速度将会越来越快，于是恒星和
行星将被撕裂，最后甚至原子也会被撕裂。在有限时间内的某个
时刻，宇宙中事物之间的距离将变得无限（当宇宙开始无限变小，
变密和变热，最终会被无限地稀释，这表明它的状态，它的有限
性是有限的。这是相当有条理的，比它在无限期内保持有限的想

法更令人愉悦）。

在大撕裂之前，有一个骇人的等式来计算时间：

$$t_{rip} - t_0 \approx \frac{2}{3|1+w|H_0\sqrt{1 - \Omega_m}}$$

少则 220 亿年，多则 500 亿年内会产生结果。这并不是一个真正的预测，只是在我们不知道所有参数的精确值的情况下的一些假设。在任何情况下，我们现在不需要过分担心，因为距离现在还有几十亿年。

灾难倒计时将在结束前大约 6000 万年开始，当引力太弱而无法将星系聚集在一起的时候。银河系将会漂移，我们的太阳系（如果它仍然存在的话）和其他星系会随意游荡——但不是整整 6000 万年。只有大约 3 个月的时间时，太阳系将自行瓦解，因为它们的引力将会散开。在最后几分钟，单个恒星和行星将被撕裂，在最后一刻，甚至原子也会被摧毁。如果你能活着看到它，那就意味着当你失重漂浮时，在你被撕碎之前，可能会有一秒钟的时间。

大冻结理论

　　一个平坦的宇宙，在其中持续扩张，既不加速也不减速，一直向前直到物质消散，宇宙冷到一切都停止。宇宙中的温度趋向于绝对零度（约－273℃）。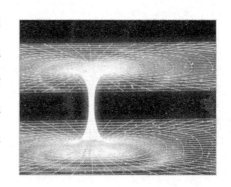最终，宇宙中的一切达到完全无序状态，意味着一切都会分崩离析，物质均匀地分布在整个宇宙中。

　　这将会是什么样的呢？首先，形成恒星所需供应的气体将会耗尽。这将发生在1—100兆年之后，未来相当长的一段时间，即使是最低的估计也超过宇宙目前存在时间的70倍。当现有恒星由于核聚变反应而耗尽燃料时，它们就会死亡。宇宙将会慢慢变暗，黑洞将会扩散，但即使随着时间的推移，它们在发射霍金辐射时也会恶化，慢慢地侵蚀自己。在大约1万100年的时间里，宇宙将变成实质上满是像电子一样静止的微粒的稀薄溶液。

绝对零度

"绝对零度"这个术语意味着开氏零度，这相当于 –273.15℃。在这个温度上物质是一点都不含热量的，没有任何移动，并伴有奇怪的量子效应出现。研究人员实现的最低温度是 0.45nk，或大约是一个开尔文的一半。

扩张，扩张——变大了吗?

一个封闭的宇宙可能会产生一个完全不同的结果。在这种情况下，宇宙会达到一个极限值，当它到达那个值，就会自己重新开始衰弱。起初倒退的速度可能会很慢，但随着发展，速度会加快。收缩一开始很正常，但随着物质越来越集中于某个特定区域，收缩将变得越来越不平衡。恒星会爆炸和蒸发，最终甚至连原子也会破裂，使大爆炸后出现的物质重新排序。根据一些理论家的理论，崩塌最后的阶段将会一片混乱，造成大规模的时空扭曲。有些人甚至认为，时空会粉碎成"滴状"，使我们所有关于时间、距离和方向的想法都变得毫无意义。崩塌的过程完全可以在从现

> "毫无征兆，一个真正真空的气泡可能在宇宙中某处形成，以光的速度向外移动，而在意识到我们扫过什么东西之前，我们的质子就会衰变。"
>
> ——《自然》，1982 年迈克尔·特纳（Michael Turner）和弗兰克·韦尔切克（Frank Wilczek）

在开始的 1000 亿年内完成。

如果宇宙在这样的大坍缩中崩塌，它可能会产生另一个大爆炸。有一种叫做"大反弹"的理论认为，我们目前所处的宇宙只是一系列大爆炸和大坍缩中的一个。这些可能会永远在继续中——也许一直在继续，伴随着以有限的扩张和崩塌为限制的有限的宇宙。这是目前最引人注目的场景，自从 1998 年出现了加速膨胀的证据，似乎没有什么理由能验证宇宙会减速并倒退。

大动静

最后的场景是短期内唯一值得担心的，但即便如此，我们也

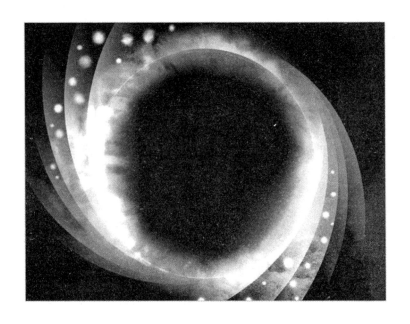

无法阻止和预测。这是基于宇宙本质上是不稳定的这一猜想之上的。这需要希格斯玻色子的质量，并计算能在宇宙中形成的所有事物，从恒星的生命形式开始，能这样做仅仅是因为宇宙处于稳定的边缘。一个真正真空的小气泡可以在宇宙中的任何一个点形成，并在瞬间以指数速度膨胀——以光的速度消灭当前宇宙中的一切。我们不会看到它的到来，或注意到它的发生。

如果你担心宇宙的终结，那其实是你所选择的结果——它可能会在接下来的半小时内发生！